外国早教实践译丛

特法瑞奇教育

[新西兰] 温蒂·李（Wendy Lee） 等 著
张荣伟 徐龙静 译

长江出版传媒 | 湖北教育出版社
Routledge
Taylor & Francis Group

译者编委会

顾　问　朱永新　郑晓生

主　编　张荣伟

副主编　吴荔红

编　委（按拼音排序）

陈伙平　陈　珊　丁海东　黄慧娟　孔　艺　林　菁　林洵怡

李　涛　缪佩君　邱心玫　王海珊　温海花　徐容容　张玉敏

序

“早期教育”可以简称为“早教”。这套《外国早教实践译丛》的翻译工作始于2014年3月，我当时受福建省高校优秀学科带头人研修项目资助，正在伦敦大学金史密斯学院（Goldsmiths, University of London）教育系访学。记得，最初是在学前教育学研究生课程班上看到了《丹麦林校教育》一书，接着发现它是六卷本丛书中的一本，其他五本分别为《蒙台梭利教育》《特法瑞奇教育》《高瞻教育》《瑞吉欧教育》《华德福教育》。我很快读完这六本书后发现，它们对我国早教理论建设和早教实践创新具有重要的启示和借鉴意义，于是，我给时任中国教育学会副会长的朱永新先生发送邮件，说明翻译这套丛书的意义和构想。特别开心的是，没过几天就相继收到了湖北教育出版社聂海龙、张元元两位部门负责人的回电，得知他们对该套丛书的翻译出版工作很感兴趣，且希望尽快组建高水平的翻译团队，至于协议及版权合同等相关事宜，会及时跟进。

为了确保译稿质量，经过反复权衡，这套丛书中的《丹麦林校教育》一书，最后由青岛大学教师兰玉萍、王有升负责翻译，他们当时正在伦敦大学教育学院访学；《蒙台梭利教育》一书由黄玮琳、余晖负责翻译，他们当时分别在英国皇家音乐学院和伦敦大学教育学院攻读博士学位；《高瞻教育》一书由曹慧娟、李佳负责翻译，《瑞吉欧教育》一书由刘惠慈负责翻译，她们三位当时正在金史密斯学院的孔子学院从事汉语教学工作；《特法瑞奇教育》和《华德福教育》这两本书，最后由我和福建师范大学教育学院研究生徐龙静、张旭亚负责翻译。出乎意料的是，这套丛书翻译的初稿完成于2015年10月，但因原著再版、版权合同更新以及人事变动等多方面的原因，拖延、搁置了近三年，直到2018年10月才重新启动译稿的审校、修订工作。而就此需要说明的是，为了该套译丛尽快出版，近一年来，湖北教育出版社方平社长、刘书慧主任给予了大力支持和帮助。

众所周知，目前很多高校都存在“翻译不算学术成果”这一或明或暗的评价规则。我作为这套译丛的主编，之所以前前后后、反反复复多方交涉，极力促成出版，一是出于对译丛本身价值的高度认同，二是出于对译丛翻译人员的最初承诺。就我个人而言，这六本英文原著已精读多遍，从求知的角度来讲，已受益匪浅，而且更为直接和实在的收获是，已经指导六位学生围绕这六本专著完成了六篇硕士论文。但我也深知，仅仅拓展个人学术视野、完成六篇学位论文，远远未能彰显这套丛书的理论和实践价值，且依然无法向该丛书的翻译团队交代，毕竟大家都为之付出了大量的时间和精力，都希望自己的劳动成果早日问世，为我国的早教事业贡献一份绵薄之力。

这套《外国早教实践译丛》中的“早教”，所指的是以学龄前儿童为对象的教育。就《丹麦林校教育》这本书而言，它对于深入了解丹麦林校教育的方式及其在早教实践中的应用具有重要的参考价值；作者结合实例，深入浅出地探讨了丹麦林校教育的基本原理，内容涉及课程设置、教学设计、活动评价等诸多方面，对早教领域的学习者、实践者、研究者具有重要的启示和借鉴意义。就《蒙台梭利教育》这本书而言，作者基于丰富的个人实践经验和实地调研，对蒙氏教学法的核心理念及其在早教中的运用状况进行了全面解读，对蒙氏教育的组织形式、空间布置、教学创新以及学业评价等进行了全面介绍。就《特法瑞奇教育》这本书而言，作者既立足于新西兰国家课程文件本身展开论述，又自觉地从社会、文化的角度分析其重要特征，为读者打开了一扇考察新西兰早教课程的窗口；特法瑞奇课程文件既尊重历史又超越历史，既充分考虑儿童的发展前景，又特别重视儿童的健康成长及其可行路径。就《高瞻教育》这本书而言，作者利用经典案例描述了高瞻教育的历史谱系、核心思想以及主动学习的基本框架和实施策略，富有前瞻性和操作性，读者可以很直观地把握其发展脉络和价值追求。就《瑞吉欧教育》这本书而言，由于两位作者均具有丰富的早教实践经验和理论著述，因而能够全面系统而又深入浅出地阐释瑞吉欧教育的历史背景、发展现状和核心要素。就《华德福教育》这本书而言，两位作者都是非常优秀的幼教工作者，都担任过幼儿教师培训师和顾问，都参观过英国和世界各地的许多幼儿园，因而对华德福教育方法的阐释，不但立足于日常工作，而且建基于对斯坦纳教育思想的深入研究之上。限于篇幅，关于每本书的亮点，这里点到为止，建议读者在阅读每本译著之前，先浏览一下“译者后记”，其中均有相关说明。事实上，每本书的“译者后记”都具有导读作用，读者可以由此把握全书的基本框架、核心内容，从而确立最适合自己的阅读线路。

最后需要说明的是，在这套译丛审校、编辑的过程中，我的研究生钟成海、沈海兰、于亚楠、徐龙静、王潇、王新文、周堞薇等，协助我做了大量工作，特此致谢。再者，翻译有三难——信、达、雅。尽管我们以此为标杆，精益求精，但依然可能存在一些谬误，敬请广大读者朋友不吝赐教、批评指正。您可以通过电子信箱（zhrongwei88@163.com）与我本人直接取得联系。

张荣伟

福建师范大学教育学部教授、博士生导师、学术委员会主任

2019 年 12 月 3 日

特法瑞奇教育

《特法瑞奇教育》为读者打开了一扇了解新西兰早教实践课程的窗口。本书详细介绍了新西兰二元文化背景下各类幼儿教育机构创设的学前教育课程。通过阅读本书，读者可以进一步分析特法瑞奇教学法的基本要素，了解相关课程文件对提高新西兰学前教育质量产生的积极影响。

为了给本国学前教育事业发展提供有益借鉴，让师生了解特法瑞奇教育的关键信息，本书力图在全面介绍特法瑞奇教学法的基础上突出新西兰早教课程的基本特色，具体内容如下：

1. 新西兰早教课程重视与儿童家庭、各类社区之间形成紧密的联系；

2. 形成人物、地点与事物三者之间互应互惠的教学观；

3. 建立跨学科、多模式的课程内容观；

4. 让儿童成长为富有竞争力、充满自信心的学习者和沟通者，他们心智成熟、身体健康、精神饱满，有安全感和归属感，同时拥有能够为社会做出积极贡献的知识；

5. 构建新西兰本土民族思想占主导的二元文化框架。

本书是为了给那些在早教机构和儿童保育中心工作的人员提供智力支持。无论是早教专业的学生、教师、实践者，还是早教机构的专家、学者，包括那些担任咨询师、校长工作的人员，阅读本书都会有所收获。

本书的作者如下：

温蒂·李是新西兰教师教育领导项目（ELP）的负责人。该项目旨在为新西兰幼儿教师的专业发展提供平台。

玛格丽特·卡尔是新西兰怀卡托大学的教育学教授，还是特法瑞奇课程研发项目的负责人之一。

布兰达·莎塔是马纳塔玛瑞奇教育机构的负责人。马纳塔玛瑞奇教育机构为 0 ～ 17 岁的学生提供浸入式毛利语教育。该机构根据年龄划分出不同的教学层次：幼儿语言巢、毛利语小学以及毛利语中学。

琳达·米切尔是新西兰怀卡托大学的一名副教授，还是一位幼儿教育政策评论员。

外国早教实践译丛

这套丛书旨在为读者打开了解不同国家早教课程的窗口，帮助读者扩展和巩固对国际早教实践的理解，以便掌握各幼儿教学法的基本要素及其与高质量早教实践的关系。

每本书都力图做到以下几点：

1. 结合实际教学案例，生动描述指导不同幼儿教学法的基本原则。

2. 帮助学生与教育实践者了解重要的教学方法对高质量早期教育的影响。

3. 阐明教育实践者回顾与反思个人教学实践时应考虑的要点。

4. 可作为持续专业发展与行动研究的基础。

本丛书是为了给那些在早教机构和儿童保育中心工作的人员提供智力支持。无论是早教专业的学生、教师、实践者，还是早教机构的专家、学者，包括那些担任咨询师、校长和管理工作的人员，阅读本丛书都会有所收获。

外国早教实践译丛:

瑞吉欧教育

蒙台梭利教育

丹麦林校教育

高瞻教育

特法瑞奇教育

华德福教育

CONTENTS 目录

致谢与导言

我们首先感谢 Routledge 出版社邀请温蒂·李担任本书主编。温蒂开始在教育领域寻找编写人员，最终组建了一个由具有不同教育研究背景的专家组成的编写团队。玛格丽特·卡尔具有新西兰幼儿教育工作背景，对课程和教学研究很感兴趣且颇有造诣。布兰达·莎塔作为一名毛利语言巢教师，具有丰富的教学经验和毛利文化方面的背景知识。她同时还是一名作家、教育研究者和教师专业发展指导者。琳塔·米切尔是教育政策研究与评估，以及优质幼儿教育环境研究方面的专家。温蒂作为新西兰教师教育领导项目的主要负责人，凭借自己在幼儿教育以及教师专业发展方面积累的知识和经验，不仅能够有效地指导新西兰国内不同幼儿教育机构的建设与发展，而且能够为不同国家的幼儿教育提供咨询和建议。

我们团队和新西兰学前教育创新中心[①]的教师们一起，合作开展了行动研究。该创新中心从 2002 年到 2009 年持续了七年之久。本书介绍的教育案例都是由新西兰六大学前教育创新中心的幼儿教

---

① 学前教育创新中心：为深入研究幼儿教育机构中的教学和学习的革新过程，新西兰教育部在 2003 年 7 月开始实施学前教育创新中心项目。该项目计划以三年为一个阶段。每一个阶段都有若干所幼儿教育机构参加，且每个机构都有自己的教育创新点。2003—2005 年机构数量为 6 所，2005—2006 年为 4 所，2006—2008 年为 6 所，2008—2009 年的第四、五阶段由于经费和设计不足，在 2009 年提前结束。——译者注

师提供的。这六大创新中心分别是格林顿早教中心、崴兹塘幼儿园、马纳塔玛瑞奇语言巢、威尔顿幼儿游戏中心、罗丝克尔南幼儿园和芒格雷桥幼儿园。本书还介绍了新西兰教育部组织资助的教师教育研究项目。今天看来，幼儿教师们开展的各项教育研究为特法瑞奇教学法在教学实践的具体运用上提供了重要平台。因此，我们还非常感谢新西兰教育部提供的支持，特别是 2007 年玛丽·奇姆博莱主持的新西兰学校课程改革，它实现了特法瑞奇文件与学校教育的有效衔接。

新西兰教育研究委员会还主持了一项名为“教学与学习研究计划”的教育部研究项目。许多参与研究的一线幼儿教师都直接或间接地从中受益。委员会出版社还面向幼儿教师发行了名为《幼儿教师参考》杂志。该杂志现已采用网络版发行，其内容对新西兰以及国外幼儿教师具有重要的参考价值。本书有一个观点：所有优秀教师，无论是否持有教师资格证，都会在日常的教学活动中开展教育观察，与儿童互动交流，创设一个师生联动的教学环境。本书第九章对这一观点进行了特别阐释。早教实践译丛发行的目的是为教师开展教育研究提供不同的教育观点，激发他们反思不同的问题。就特法瑞奇课程文件而言，其中也设计了 111 个反思性问题，它们能够帮助幼儿教师在做研究时打开思路。

任何一种课程教学法，只有经过教师在教学实践过程中的重新加工，而适用于特定的教学情境，才是真正有效的。当然，要做到这些，光靠教师的个人努力远远不够，还需要教师现场督促儿童，共同参与其中。我们经常会和老师们讨论“课程过滤器”问题。布洛文·科伊认为，中学课堂评价应包括注意、识别和反应三大环节。教师们观察到的东西包罗万象，但其中只有部分内容能够激发学生的学习兴趣。教学活动是一个复杂的过程，而且只有对相关内容感兴趣的时候，才可能有所反应。教师的教育主张以及开展的教学实践，有助于提升“过滤器”的有效性。教师观察到的东西越多，认可的东西越多，就越能够对教学过程中出现的不同情况及时做出反应。我们在布洛文·科伊“过滤器”理论的基础上，增加了收录和修正两个环节。这两大环节同样有助于阅读和反思活动的开展。

注N O T I C I N G意
识R E C O G N I S I N G别
反R E S P O N D I N G应
收R E C O R D I N G录
修R E V I S I T I N G正

在编写本书的过程中，我们采纳了许多国家的教育同仁对特法瑞奇课程文件的意见，以及特法瑞奇在他们国家实施情况的评论内容。在本书的第一、二、三、八、九、十等章的开头部分，我们都引用了相关内容。这些内容的作者分别来自英格兰、德国、丹麦、美国和澳大利亚。我们要感谢以下八位作者：英格兰的马基·沃勒、德国的斯比利·哈斯、美国的马基·卡特、澳大利亚的托希·特兰法、英格兰的詹妮·伍德布里奇、英格兰的诺阿·沃夫、丹麦的斯迪格·布洛斯特姆、美国的马克·惠特尼。

当然，我们还要向那些积极为本书提供评论和学习故事的教师们表示衷心感谢。很遗憾，由于篇幅限制，在这里不能一一注明。教师的教育评论大多集中在第四、五、六、七章。其他的评论、图片、对话和学习故事等，则贯串于全书之中。这些教育素材取自以下十二个幼儿教育机构：奥博尼幼儿园、卡罗惠特家教中心、格林顿早教中心、帕库巴普蒂斯特幼儿园、鸽子山幼儿园、罗丝克尔南幼儿园、STAA 早教中心、赛奥因幼儿园、斯丹毛贝幼儿园、泰塔玛瑞奇幼儿园、陶波儿童社区、马纳塔玛瑞奇语言巢。

我们也非常感谢塞克·毛屯·约翰小朋友的动物画。从头到尾，这本书中用了很多他的图画。关于这些作品的绘画情境，他的母亲莎拉解释说：

> 有一天，塞克和爸爸、姐姐一起逛动物园。一回到家，他就直奔画纸、画笔等堆积如山的书桌，坐在那儿忙个不停，非常认真地画画。过了许久，塞克兴奋地将完成的画作展示给爸爸看，并说道："爸爸看，这些动物都是我画的！"塞克把自己脑海里能记起来的动物都画了出来。他对自己完成的这一系列作品感到十分自豪。

因此，本书每章末尾都加入了塞克的动物画，这样做的目的不只是出于装饰之用，也是为了向读者生动展示特法瑞奇教学法的特色：儿童拥有浓厚的学习兴趣，重视个性化的意义建构，在（自我）艺术创作成就方面具有自豪感，同时，幼儿教育机构与乐于分享儿童学习生活的家庭之间具有明确的互惠关系。我们希望读者在阅读完本书之后能够欣赏认可、主动深入探讨并乐于实践特法瑞奇教学法。

本书基本框架

第一章，主要介绍了特法瑞奇作为一门国家早教课程的出台背景，具体包括新西兰的历史和文化。第二章，阐述特法瑞奇课程文件的发展过程以及主要的理论观点。第三章，具体阐释特法瑞奇课程的二元文化特征、双语使用背景，以及实施该课程时应该注意的基本问题。

第四章到第七章，分别介绍特法瑞奇课程文件的四大基本原则。每章开头都有一位幼儿教师的教学反思。每章都有一个表格，用以说明贯彻该项原则所能产生的学习结果。同时，每章都有一个案例研究，分别探讨四种幼儿教育机构中五种课程目标所侧重的不同内容。第四章介绍的是一所早教保育中心；第五章介绍的是一所幼儿园；第六章介绍的是一个语言巢幼教机构；第七章介绍的是一所幼儿游戏中心。

第八章，综论特法瑞奇课程的编制问题，主要围绕着“互应互惠”这一原则展开，重点探讨影响课程发展的三个方面：目标、评价与计划。

第九章，阐释教师作为研究者这一问题，探讨实施特法瑞奇课程会如何促进教师的专业发展，会如何保证学前教育课程的开放性，以及我们会从中获得怎样的教育启示。

第十章，展望特法瑞奇课程的发展前景。本章和其他章一样，也选编了儿童学习和教师教学过程中发生的一些故事。有时候，教师们记录的儿童学习故事不但能够很好地阐明我们讨论的一些话题，还能够激发和推动读者之间的对话与交流。

第一章　特法瑞奇的出台背景

英格兰的马基·沃勒写道：

对于我们这些在畔格林工作的人而言，“文化陌生化”（Tobin，2009 p.159）显得非常重要。畔格林是一个为儿童及其家庭服务的联合中心。我们原初研究团队中的好几个人，都是1983年参与建立畔格林的先驱。大家曾经服务于主流的世界文化，亲身经历过一系列不同的教学方法，而且在国内外不同的环境中工作过。在20世纪90年代，当教员们陆续参观丹麦和意大利的托儿所之后，我们才懂得英国早教实践当中很多想当然的“好做法”，其实在相当程度上都取决于特定的文化。直到十年后访问新西兰时，我们才感觉找到了一种对儿童、家庭和教育实践者都真正有意义的课程框架和教学方法。我们非常荣幸能够和这些优秀的同行们一起工作。他们毫无保留地与我们分享新兴的特法瑞奇早教课程框架及其各阶段的内容。我们非常喜爱的是，特法瑞奇作为新兴的早教课程文件，其每一环节都有实践者参与起草，文体新颖，语言优美如散文，而且极其关键的是，它特别重视多元文化教学，关注儿童的家庭背景和儿童情感态度的养成。对于新西兰教育同仁们富有影响力的早教实践探索，我们报以深深的感激之情。特法瑞奇课程对英格兰乃至全英国幼儿教育实践产生了广泛的影响。

一、引　言

到目前为止，Routledge 出版的早教实践译丛的每本书，都分别为读者介绍了一种幼儿教学法。这些教学法都是教育基本理论与特定幼儿教育实践的有机结合。本书所介绍的特法瑞奇教学法，属于新西兰国家早教课程的一个范例。特法瑞奇这份官方教育文件致力于让年轻的学习者对他们将要成为其公民的国家形成一种清晰的认识。为了能让读者顺利开启了解特法瑞奇之旅，本书在编写过程中确立了三大任务：其一，阐释支撑并影响特法瑞奇国家课程发展与实施的文化、历史特征。其二，描述产生于这些文化和历史的基本原则、教学方法以及相应的早教实践。其三，揭示这些原则、方法和实践运用到不同教育场景中去的可行方法，以便这些方法对其他地区的早期儿童教育也有趣而实用。这三大预设的任务相互交织，贯串于全书。

正如我们所看到的，Routledge 出版的早教实践译丛是为了激发教育对话、教育讨论和实验精神。在新西兰，我们目前仍在探索实施特法瑞奇课程的新方法。希望本书能够为大家提供丰富、生动的资料，以便讨论各地短期、中期或长期实施特法瑞奇教学法时可能出现的实践样态和愿景。本章将围绕上述三大任务的第一个任务介绍支撑并影响特法瑞奇课程发展与实施的文化、历史特征。在本章最后，我们还设计了一些能够引发读者对自己国家早教课程的文化、历史特征进行深入思考的问题。

二、新西兰历史是理解特法瑞奇的关键

新西兰是一个坐落于南太平洋，国土面积狭小的偏远岛国。它是世界上最后一个被发现并定居的国家。大约在公元13世纪，东波利尼西亚移民者乘独木舟来到了新西兰。也有一些历史学家认为，登陆时间应该更早。毛利人是新西兰的最早居住者，他们是新西兰的土著居民。1769年，英国皇家海军中尉詹姆斯·库克发现了新西兰，从此欧洲人开始登陆新西兰岛屿，而且很快就移居此地。

新西兰有450万人口，和芬兰（550万）、新加坡（500万）的人口数很接近。在教育界，人们对新加坡、芬兰这些国家的学校改革一直很感兴趣（Luke，2011;Sahlberg，2010）。针对这些国家（包括加拿大安大略省）课程模式的相对成功之处，艾伦·洛克有如下评论:

> 新加坡、芬兰和安大略的教育发展，不是科学方法的胜利，也不是市场机制或标准化的胜利。这些发展与文化殖民、政治殖民有关，与对社会责任、历史责任和文化责任的担当有关，与对特殊教育形式乃至特定生活方式的认同和宽容有关。

特法瑞奇课程中蕴含着一定的殖民特征和责任意识，而这与新西兰的社会、历史和文化息息相关。不知道这些，便难以理解课程的性质。1856年，新西兰独立成为民主自治国家。1893年，新西兰成为世界上第一个赋予女性投票权的国家。20世纪30年代的世界经济大萧条期间，新西兰由于实施了一系列国家福利政策被誉为“世界社会改革的实验室”。相关价值理念体现在特法瑞奇课程之

中，该课程特别注重平等意识，特别尊重儿童的权利和责任，特别强调让儿童在民主政治中长大成人并能为社会做出贡献。在特法瑞奇课程文件的开头部分，关于教育愿景的具体陈述：本课程建基于以下愿景之上：让儿童成长为富有竞争力、充满自信心的学习者和沟通者，他们心智成熟、身体健康、精神饱满，有安全感和归属感，同时拥有能够为社会做出积极贡献的知识。

特法瑞奇课程致力于培养能够做出理智而负责的选择，尊重他人的不同观点、信仰和多元世界观，理解新西兰主流文化和多种语言的公民。毛利人与英国皇室在 1840 年签署的《怀唐伊条约》（详见本书第三章），奠定了新西兰毛利语、英语以及新西兰手语三种官方语言的基础，同时也提供了一个二元文化的社会发展愿景。特法瑞奇是一份用英语和毛利语书写的双语文件。无论是从特法瑞奇课程的发展历程来看，还是从新西兰幼儿抚养与教育实践的变化发展来看，其重视和促进教育多样性、维护毛利人日常生活和社会资源权力的价值取向都十分明显。本书从头至尾坚持这样一个基本观点：特法瑞奇教学法并非一系列教学策略和教学目标的简单组合，如果不认真考虑幼儿教育的社会环境和文化支持系统的话，即使在其他地区推行，也不可能收到什么效果。新西兰在制定社会福利政策时，历来重视保障公正和平等，专门设立面向毛利人的双语条款，内容涉及作为财富的毛利语、公共教育承诺，以及对创新性和即兴创造的文化信仰等。[①] 这些新颖灵活的（文化）生活方式，都是毛

① 1985 年，怀唐伊法庭关于毛利语诉求的裁决是，毛利语是一种财富，而且应该得到保护。1986 年，该条约中关于毛利语的好几处缺口得到了补充和完善，提出了政府应该采取的补救措施。布兰达补充说："所以我认为，在毛利民族的眼中，条约所说的财富，指的就是毛利语这种财富。"

利人、欧洲移民以及太平洋岛屿移民等新西兰早期定居者，为适应截然不同的周边环境而积极努力的结果。19 世纪时，早期来到新西兰的欧洲移民便能够冲破“故乡”的等级文化束缚，形成混血身份认同，进而创造发展机遇，开启自己新的生活旅程。

三、多样化的早教服务机构

关于新西兰的早教故事，在海伦·梅的著作中有非常精彩的描述。读者可以在她先后出版的作品中看到这一切，如《童年的发现》（*The Discovery of Early Childhood*，1997）、《操场上的政治》（*Politics in the Playground*，2009）和《我五岁去上学》（*I Am Five and I Go to School*，2011）等。这些书中的珍贵故事和细节描述不但使尘封的新西兰历史鲜活了起来，而且从国家和国际层面上为观察早期儿童教育提供了更为广阔的文化视野。

在特法瑞奇课程出台之前，新西兰各类早期儿童教育所面向的是学龄前儿童。通常情况下，所面向的是 0 ～ 5 岁年龄段的儿童，但按照义务教育规定，所面向的则是 0 ～ 6 岁年龄段的儿童。新西兰各种各样、特色分明的早期儿童教育机构，大多是在社区和家庭的倡议下建立起来的，主要是为了适应特殊的社会和政治环境。近 20 年来，由于大量的商业主不断建立早教中心，不断提供基于家庭的早教服务，那些基于社区而本来强势的早期儿童教育机构发生了一定程度的改变。早期教育的多样性政策以及自由教育哲学理念在新西兰得到了广泛认可。在统一课程框架内促成课程的多样化是新西兰幼儿课程发展过程中的一大目标。近来，出于政策需要，早期儿童教育机构大致被分为教师主导和家长主导两大类，以便区别服务方式和赞助方式的不同。接下来，我们对这两类早教服务机构进行简要介绍。

（一）教师主导的幼儿教育机构

在教师主导的幼儿教育机构里，主要由一个或者多个具备幼儿教师资格的教师管理各项事务。按照规定，担任项目负责人的教师应该具备幼儿教育教师资格，满足政府规定的教师注册标准。所有教师主导的幼儿教育机构都应该积极努力，以便保证本机构 80% 的教师拥有教师资格（相当于 3 年的学历或文凭）。早教中心和儿童保育中心接纳的儿童数量最多，提供全日、半日或定期（时）服务。在这里的主要是学龄前儿童。本书第四章介绍了这方面的特法瑞奇案例。传统意义上的幼儿园为 3 岁或者 4 岁的儿童提供定期（时）服务。为了适应不同社区的服务需求，包括为了适应一些在职母亲的需要和赞助政策的要求，许多幼儿园延长了服务时间。近来，它们开始将服务延长到学校时间或提供全日服务，将全日制幼儿教育对象的年龄扩大到了 3 岁以下。

与早教中心和幼儿园相比，基于家庭的早教服务（家庭日托）更加灵活，因为幼儿教师可以综合考虑家长的工作时间，在儿童家中或教师自己家中照管儿童。函授学校是唯一直接由政府支持的机构，主要提供远程儿童教育服务。

（二）家长主导的幼儿教育机构

成立于 1982 年的语言巢，被瑞迪誉为“全世界最富有活力和最具创新性质的国家教育改革运动”。（Reedy，2003，p.65）语言巢实施毛利语浸入式教育，由毛利家族（whānau）的长者担任教师。语言巢以“培养儿童对毛利语和毛利文化的认同感以及自我决定的能力”为教育理念，以“将毛利人的生活方式传递给新一代毛利人”

为核心目标。（Government Review Team，1988，p.19）大多数的语言巢每周进行30个小时以上的教育活动。本书第三章将对语言巢的发展过程做详细介绍，第六章将进行相关案例分析。

作为新西兰特有的学前教育机构，游戏中心（playcentres）的办学理念是家庭是照料和教育儿童最为重要的场所。在第二次世界大战期间发展起来的游戏中心（Somerset，1976a，1976b）主要是为了给父母提供方便。在这些游戏中心里，父母担当了所有角色，他们担起了课程实施、课程管理和课程监督的全部职责。父母在游戏中心接受相关教育训练，充实人体发育方面的知识，深入理解为人父母的角色内涵。（Hill et al.，2000）定期（时）游戏小组也是由家长们独立运作的，它们通常是一些家长在社区礼堂举办的小规模的幼儿教育活动。与游戏中心不同，他们无需事前培训。游戏小组包括浸入式的毛利语语言巢、多民族社区游戏小组以及综合性游戏小组。

太平洋早教机构主要提供定期（时）制或全日制的浸入式教学或双语教学，所面向的是新西兰太平洋岛屿各族裔儿童。这些早教机构主要是为了实现太平洋岛屿各族裔妇女的愿望，确保本民族的语言习俗能够顺利传承给下一代人。（Mitchell et al.，2006，p.43）有些时候，这些教育机构还可能拥有一些具备幼儿教育教师资格的幼儿教师，因而会被认定为教师主导的早教服务机构。1984年建立的阿加法萨摩亚早教中心，就是由于当时萨摩亚祖先发现孩子们并没有较好地吸收和继承本民族的文化特性，才着手建立的一个早教机构。这一早教机构后来发展成为新西兰学前教育创新中心。在2003年至2009年，它成为新西兰政府资助规划的首轮资助对象。阿加法萨摩亚早教中心的教师、管理层、创新核心团队，以及波德摩等人，讲述了发生在这里的教育故事。

“致谢与导言”部分介绍过新西兰学前教育创新中心项目。该项目由教育研究者提供具有创新性的研究方法指导，目的在于鼓励幼儿教师开展教育研究，双方共同努力提高特法瑞奇课程的教学质量与儿童的学习水平。尽管该项目激发了教师开展教育教学研究的兴趣，并将研究成果传播给了成百上千甚至成千上万的教师，但由于政府预算减少，该创新中心不得不在 2009 年年中止步。教育部专业发展项目继续维持着一定数量的早教中心，但已不能为整个教育部门提供普遍支持。《维斯的反思》是一名来自另一家萨摩亚早教中心的教师维斯的评论。她对自己参加专业发展项目后的教学情况进行了反思。

维斯的反思

对作为一名教师的自我形象的认识，促使我能够深入到儿童学习的过程中去，从而对每个孩子了解得更多一些……这也让我开始意识到每个孩子都有自己独特的学习方式。作为教师，我应该帮助他们成为能力出众、兴趣广泛的学习者……这也是我对儿童充满热情的原因……眼前是一个可以得到精心呵护而富有爱心的教学环境，当父母

们到来的时候，他们会发现，他们的孩子一整天获益良多……当我看到家长们询问自己的孩子带回家的记录袋时，一种身为教师的美妙感觉油然而生。夜里，孩子的身边有父母陪伴，这是目前最好的结果。家长和孩子们促膝而坐，谈论着日间的学习。对于父母而言，倾听孩子们的讲述是多么振奋人心的事情，毕竟这是经历了漫长的过程之后才看到的结果。父母们也乐于记录下他们此刻的心声……

四、教育一体化过程

海伦·梅认为：

> 20 世纪 80 年代后半期是新西兰政治与经济改革的关键时期。到 90 年代的时候，各项改革成效对人民日常生活各方面的影响日益显著。当时的工党（执政党，1984—1990）也相信，新西兰早期儿童教育存在着危机，扩大投资有益于儿童、妇女、家庭、社会团体以及国家发展。早期儿童教育开始纳入政府的核心工作。随后的各项改革是更为广泛的教育与政治重建的一部分，尤其是学前教育团体协调参与的结果。（May，2009 p.204）

20 世纪 80 年代至 90 年代，新西兰见证了五项引人注目的教育一体化改革。这五项改革对多样的教育服务和教育理念进行了有效整合，直接催生了课程一体化的整合方法。下面我们对这五项改革进行具体介绍。

（一）教育公管部门的变迁

1986 年，新西兰所有幼儿教育机构均划归教育部统一管理，取代了社会福利部门主管儿童保育中心而教育部主管幼儿园与游戏中心这种相互分割的局面。语言巢直到 1990 年才归入教育部。这些变化使新西兰成为世界上实现保育与教育一体化的佼佼者。根据经济合作与发展组织（OECD，2001，2006，2011）的报道，那些拥有强大的早期儿童教育和保育系统的国家，都形成了相互融合的整体教育政策。这些国家特别强调将儿童视为拥有各项权利的社会群体，比如新西兰特法瑞奇课程文件中所表述的那些愿望（本章前文提及过），就特别被看重。这种统合和重心取向使各种决策更具有一种整体的眼光，更能兼顾而不是割裂儿童的各种兴趣，进而使教育更具有前瞻性。

（二）教师教育体制的整合

在 1988 年，新西兰教师教育由先前 2 年的幼儿园教师训练和 1 年的儿童保育员训练，统一整合为大学教育学院 3 年的早期儿童教师教育。之前的“2-1”幼师培养所预设的是，保育工作只是一种福利，尤其是对那些处境不利的儿童的一种服务，只有幼儿园工作才具有教育性。新的 3 年整合的教师教育项目则要求“教育和保育相互兼容，除了有关婴儿照看方面的培训外，更注重教育研究以及儿童生活的文化和家庭背景”。（May，2009，p.207）

（三）影响政策的广泛讨论

教育部罗普戴尔（Lopdell）课程主要是举办一些论坛，目的在于为教育政策规划提供智力支持。论坛成员囊括了来自新西兰早期儿童教育组织的关键人物。他们对实现多样化的教育组织与早期儿童课程的紧密结合起到了至关重要的作用。论坛最重要的成果是1988年发布的《罗普戴尔课程声明》（*Lopdell Curriculum Statement*）。这一声明确立了表1.1所列出的新西兰早期儿童教育课程的“十五条原则”，该声明认为新西兰早期儿童课程是儿童直接经验和间接经验的结合，这和特法瑞奇课程文件中关于“课程”的定义相互呼应，即“本文件中所使用的‘课程’概念，所指的是一切直接或间接的经验、活动和事件的总和。这些经验、活动或事件的发生都是为了促进儿童学习，都是为了营造促进儿童学习和发展的教育环境”。

表1.1　早期儿童教育课程的十五条原则（1988）

幼儿课程应让全体儿童置身这样的教育环境		
儿童能够学习认识自我	儿童以合适方式进行学习	决策共享
儿童是安全的	儿童尊重自然环境	友好地解决冲突
儿童是健康的	具有为了儿童的目标	认可家庭和亲人的重要性
儿童之间积极交往	学习不因性别而受限	成人也是学习者
儿童过得快乐	学习不因种族、肤色受限	大家都有责任心

（四）政府工作审查与协调

新西兰政府对早期儿童教育的一项重要审查发生在1988年，当时还伴随着对中小学教育以及高等教育领域的审查。政府专门成立了以安妮·米德博士为首的学前教育工作小组。该工作小组致力于建立“一种更加公平的早期儿童教育和保育体系”。该小组向政府提交了《给更多人教育：关于早期儿童保教工作团队的报告》即《米德报告》（*the Meade Report*）。按照要求，该工作小组需要将

1987 年皇家社会政策委员会所认定的对新西兰社会改革起到奠基作用的五大核心主题考虑在内，这五大核心主题如下：

1. 贯彻《怀唐伊条约》基本原则。

2. 提高妇女的社会和经济地位。

3. 为保障基本人权、维护个体自由和消除工作歧视提供法律保障。

4. 认同太平洋岛屿各族裔以及新西兰其他少数民族的需要、贡献和传统。

5. 提高家庭在新西兰社会中的地位。

新西兰政府还出台了《五岁之前》(*Before Five*)这一文件(Lange，1988)。该文件一方面根据《米德报告》形成相关幼儿教育政策，另一方面力图促成不同教育领域之间的平等。国家指南和章程的作用在于，为所有早期儿童教育机构制定总体质量标准提供参考，同时审查幼儿教育机构的经费使用情况。由社会各界代表组成的众多工作小组，也致力于推行《五岁之前》这一教育文件。其中，成立“国家指南、章程与最低标准工作团”的意义在于，明确政府在早期儿童课程中的角色。这项工作由海伦·梅主持。她与玛格丽特·卡尔后来都成了特法瑞奇文件的主要起草者。工作团报告以及执行教育政策的关键在于，为各项活动安排提供一个基本原则，能够让家长和教育工作者对其展开讨论。该项目应力图做到适应儿童个体发展的特殊需求，“让他们能够对本民族文化以及新西兰的国家文化保持自信”。

（五）教师协会联盟的强烈呼声

1990 年，新西兰两大早期儿童教育协会——幼儿园教师协会和幼儿工作者协会，最终实现了合并。两大组织之所以合并，是希望学前教育工作者能够形成统一的、强有力的声音，以便影响到国家的教育决策，进而实现教师工作待遇的公平化。后来在1993年，联盟又加入了一个很有影响力的支持小学教师的组织。

1991年，为了体现不同年龄阶段儿童应达到的学科学习目标，新西兰政府修改了学校课程。国家因此将教育改革的目光转向了早期儿童课程，进而开启了特法瑞奇的辉煌历程。

本章要点

1. 特法瑞奇是一项针对新西兰早期儿童（0～4岁）的国家课程文件。他们通常在5岁时进入学校学习。

2. 为充分理解和贯彻特法瑞奇课程中涉及的基本原则，应特别重视以下几个方面：

（1）特法瑞奇形成的背景、文化和历史特性；

（2）在特法瑞奇发展过程中涉及的基本原则、教学方法以及早期儿童教育实践的前后变化；

（3）这些原则、方法和实践，可能对其他地区的早期儿童教育具有一定的参照作用。

3. 新西兰的故事大致被描述为一场文化与政治殖民的历史，同时，又是二元社会、二元历史、二元文化对特定教育方式，而实际上是对不同生活方式的信奉与担当。《怀唐伊条约》是一项重要的政策导向性文件。

4. 因为完善的社会福利政策，新西兰被称为世界上的“社会实验室”。

5. 特法瑞奇课程反映了新西兰的国家价值理念，它聚焦于公平理念以及对儿童各项权利的尊重，同时致力于让一代代儿童不断支撑着民族政治的实现。

6. 先行于特法瑞奇的多种多样的幼儿保育与教育服务，直接影响着特法瑞奇课程的发展。

7. 在新西兰早期儿童教育的历史上，语言巢和游戏中心的发展是独一无二的。

8. 先前一系列的教育一体化改革，直接影响着特法瑞奇课程的发展：

（1）幼儿园教育和儿童保育由同一个部门管理；

（2）教师教育中全由以教师为主导的服务实现了整合；

（3）广泛的论坛影响了政策规划；

（4）政府报告和工作团体开辟了道路；

（5）早期儿童教育协会实现了联合。

思考题

1. 你可以分享一下你是如何理解自己国家早期儿童教育历史的吗？

2. 这些历史是谁告诉你的？在哪里可以找到它们？

3. 在你看来，这些历史是如何影响当今国家早期儿童教育的核心特征的？

4. 关于早期儿童教育历史背景的核心特征，你最了解的有哪些？在你看来，历史上的文化与政治殖民是怎样影响当前早教服务的核心特征的？

5. 本章引用了艾伦·洛克对新加坡、芬兰以及安大略的教育与课程发展的看法。他认为：

> 新加坡、芬兰和安大略的教育发展，不是科学方法的

胜利，也不是市场机制或标准化的胜利。这些发展与文化殖民、政治殖民有关，与对社会责任、历史责任和文化责任的担当有关，与对特殊教育形式乃至特定生活方式的认同和宽容有关。

这段引用的意图是什么？你能将其中的观点和你心目中理想的教育制度联系起来吗？

6. 你如何定义你所熟知的早期儿童教育中心的创新？

7. 你对早期儿童教育课程有什么样的愿景？

8. 重读《维斯的反思》，请思考并与大家分享你在教师观和教学观方面的新见解，这些新看法又是如何产生的？

第二章　特法瑞奇的发展历程

德国的斯比利·哈斯写道：

> 在德国，我们在研究故事学习的评估模式时接触到了特法瑞奇课程。透过特法瑞奇课程的基本原则，我更加清楚地认识到，理解和弄清儿童的家庭背景，对深入了解儿童的各项能力具有极其重要的作用。当我发现特法瑞奇课程内容的二元文化性质，而且理解了二元文化实践支持和鼓励家庭参与教育教学的运作方式时，非常兴奋。这让我看到了将特法瑞奇课程理念运用于德国教育的可能性。德国可以在本国课程的研究、交流以及旨趣等领域，进一步探索运用肯定而明确的方法去体验和评估本国多元文化的机会。在我看来，这些内涵丰富的思想和概念能够激发我们超越当前对多元文化的认识和评价，承认日常生活中存在的文化多样性，接受不同文化的智慧，提升家庭、社区的参与度。

20 世纪 90 年代初期，新西兰的一些早教组织认为“应尽早促进新西兰早教课程中儿童哲学的发展”。（Carr and May，1993a，p. 47）卡尔和梅在合著中开门见山，主张以双语的方式发展幼儿课程，幼儿教师应以多样的教育服务为依托，经营各自的课程。莎拉阐述了特法瑞奇课程前期发展状况以及文件起草的具体过程。她评论道：

> 最初要求相关人员能够形成一种适用于早期儿童教育且具有启发性的课程大纲。海伦·梅是怀卡托大学[①]的资深讲师，同时担任幼儿教育系主任。她把当时的想法起草成文并带头递交给怀卡托地方政府，该文件得到了相关部门的支持。她在和玛格丽特共同起草的倡议书中提议，利用新制订的课程方案取代原先西方教育占主导的教学模式（梅私下也表达过这种想法）。新式课程将课程内容、实施、背景、评价视为相互依赖的四大特色。这种创意可追溯到新西兰教育部1988年确立的儿童早期教育的基本原则。

语言巢国家委员会[②]，作为管理毛利语浸入式教学的总组织，对特法瑞奇的出台发挥了极其重要的同盟作用。蒂莉·瑞迪和塔玛瑅·瑞迪被任命为毛利语主笔人，负责撰写浸入式课程中毛利语方面的内容。他们经常和海伦·梅、玛格丽特·卡尔会面，商议如何将毛利人与新西兰欧裔白人的教育观念充分结合起来。有一次在采访莎拉时，海伦·梅回忆说：

> 塔玛瑅和蒂莉在起草毛利语课程框架的时候，遵循了“赋权”原则。我还记得，塔玛瑅花了一整天时间向我们解

① 怀卡托大学成立于1964年，是新西兰政府资助的8所公立大学之一，被誉为南半球的哈佛。其毛利文化和太平洋发展学院是世界上毛利和太平洋文化学术研究的中心。——译者注

② 语言巢国家委员会是正式注册并受到政府资助的慈善机构，是语言巢的总组织。除了支持语言巢的发展，该会还办理各种训练，包括师资、研发资源、领导能力等。该会董事会包括新西兰国内各大组织，如毛利教育基金会、毛利女性福利联盟、毛利语言委员会等。——译者注

> 释相关概念在毛利文化中的特殊地位。该框架非常全面，包括了面向儿童的五大教育目标。玛格丽特和我尽量将该框架与新西兰欧洲移民的文化体系对应起来……但绝不是直接翻译。（莎拉 2003 年引用了相关内容）

一、课程编制与实施过程中的争议

合作协商对课程文件的顺利出台至关重要，因为这样做可以得到广泛的群众基础。卡尔和梅认为，新西兰正式出台特法瑞奇课程文件必须倾听来自各方的不同声音，即：

1. 在高效而富有竞争力的经济背景下，应考虑新西兰政府的利益得失；

2. 应考虑幼儿教育工作者的利益以及多样化服务对幼儿家庭的影响；

3. 应考虑不同文化背景下国内外学前教育界所关注的教育公平问题，以及有关提升幼儿教育质量的决策与实践问题。

该课程文件的出台过程，实际上就是一个组织所有对学前教育感兴趣的各方人员充分参与协商谈判的过程。所有新西兰的幼儿教育组织、相关政府机构、大学、研究部门以及教师教育机构的代表济济一堂，组成了专家工作组。他们针对所有文件进行审议，发表彼此的观点。课程方案评审组由新西兰教育部负责组建，代表政府对方案进行审查。（Carr and May，1993c）课程方案研发专家组共有 15 位核心成员，他们当中有一线教师、培训专家以及全国知名的本领域学者。在保持基本框架不变的前提下，该课程主干由共同的教育原则、教育目的和教学目标构成，以便满足各方利益诉求。

在方案形成的过程中，形成了六个专家组（表 2.1），它们分别代表国内六个关键的“族群”。这么做可以确保各方在课程设置上充分发表意见。

表 2.1　课程方案专家组

英文名	中文名
Infant and Toddler Working Group	婴幼儿专家组
Young Child Working Group	少儿专家组
Māori Immersion Groups	毛利语（语言巢）浸入式教育专家组
Pacific Island Language Groups	各民族语言专家组
Home-based Services	家庭服务专家组
Children with Special Needs	特殊（需求）儿童专家组

资料来源：New Zealand Ministry of Education，1993，p.157.

从 1991 年到 1993 年，该课程框架经过了一系列的书面论证，综合考虑了一线幼儿教师、早教机构以及全国性和地方学术研讨会反馈的各种意见。直到 1993 年，新西兰教育部才正式公布课程大纲的草案，向全国人民征求改进意见。只有经过这种咨询和意见反馈之后，才能保证大纲涵盖各类早教机构提出的课程原则、教育目的和具体目标，从而达成基本共识。1996 年，课程文件正式发布。（下文中所谓的“文件”，专指特法瑞奇课程文件）

二、特法瑞奇的理论基础

以“特法瑞奇”命名这一国家课程文件，也反映了在研发课程过程中的一种合作开放的态度。由塔玛琨·瑞迪引介的“特法瑞奇”

一说，本身是一个“意味深长的隐喻”。毛利语“特法瑞奇”意为编织毯。在特法瑞奇文件中，有这样的解释：

> 早教课程被设想为一个编织毯或一个垫子，它由特定的原则、主题和目标交织而成。编织毯一说，所认同的是新西兰幼儿教育的多样性。不同的教学设计、不同的哲学理念、不同的课程结构和不同的教学环境整合在一起，构成了特法瑞奇课程的独特范式。(New Zealand Ministry of Education，1996，p.11)

其中，四大原则决定了特法瑞奇课程的核心思想（表 2.2），本书第四章至第七章将为大家逐一介绍这四大原则。这四大原则从社会文化的视角看待儿童的学习，将学习视为一个赋权、联动、整合的全面发展过程。

此外，特法瑞奇文件的重要理论基础是尤里·布朗芬布伦纳的人类发展生态学。尤里认为，每一个儿童的学习环境都是广阔的，不只是与儿童直接相关的家庭环境，或是家庭之外的幼儿教育机构。幼儿的学习环境是一个巢形结构，就像是一组俄罗斯套娃，最中间的那个套娃就是儿童，或者是儿童及其家庭。巢形结构包括微观系统、中间系统、外层系统以及宏观系统。在尤里看来，儿童及其家庭所在的微观系统处于整个系统的最里层。他认为：

> 微观系统是发展性主体在具有特定的物理和物质特性的情境中所能体验到的一种集活动、角色与交往为一体的场域结构。就此定义而言，这种情境应该是一种人们可以随时进行面对面交流的地方，如家庭、日托中心、操场等。其中，活动、

角色和交往构成了微观系统的核心要素，或者说构成了微观系统的发展区域。该定义中的核心概念富有体验性，而且由此说明，任何环境所具有的各种科学性特征，不仅具有客观性的一面，而且包括人在环境中对相关特性的主观感受。

在尤里看来，角色是“与一个人的社会身份直接相关的一系列行为和期望，诸如母亲、婴儿、教师、朋友等”。《朋友间的友好行为》讲述了发生在新西兰某早教中心的科比和夏凯菈之间的一个细微但感人至深的故事。正是这个故事中的这些友好行为，让人们对朋友关系和朋友交往产生了美好期待。该故事由朱迪老师记录。

朋友间的友好行为

今天下午，我看到一种友好的行为。小男孩科比独自坐在台阶上，我想他一定是累坏了，因为不久之后他便在台阶上睡着了。小女孩夏凯菈也注意到了科比，她拿出一个玩具拖拉机，默默地走过去，放在科比的膝盖上，安静地陪在他身边。

科比刚开始没什么反应，过了一会儿，他拿起玩具拖拉机看了一眼。

夏凯菈就这样一直安静地坐在那里。对于科比而言，这是一种无条件的关心和帮助。

这种善意的行为是多么美好啊！在我看来，这种无声的举动就好像在对科比说："我看见你好像不开心，这个玩具或许能让你高兴起来，我会一直和你在一起的。"

真心朋友最难得，细微之处见真情。

除了微观系统之外，人类发展生态理论中的其他系统也影响着儿童的学习能力和个人福祉。中间系统是由发展性主体积极参与的两个或多个情境构成的一种场域结构（早教中心与家庭和本地学校之间就是这么一种场域结构）。尤里特别看重"知识的范围、性质以及在不同情境中的不同态度"。外层系统是比中间系统更大的场域结构，在这个场域结构中，发展中的个体虽然不是积极主动的参与者，但其中发生的事情却会影响其发展，诸如父母的工作环境、哥哥姐姐的学校或班级、父母的朋友圈等。最外层的宏观系统涵盖了前面的三大系统，我们可以由此看出不同国家对四大系统及其关系的总体认识——对学前教育价值以及儿童权利的基本信念。尤里提醒我们：儿童的成长绝非发生在真空中，相反，它总是离不开特定的学习情境。

更为宏观的经济、社会和政治变革，是决定儿童健康、家庭幸福乃至国家命运的关键因素。对于许多不同文化背景的族群而言，决定儿童成长的生态系统的层级会更为复杂而多元：关乎个体精神发展的方方面面，都可以考虑在内。在本书第六章中，瑞尔的故事就是一个例证。

对于政策制定者和行政部门而言，人类生态学理论具有警示作用：我们生活的成人世界具有教育影响力，而从更为宏观的层面来看，社会贫穷和机会不均等会影响那些弱势的少数民族子女的学业成就。自特法瑞奇文件正式发布以来，对相关问题的研究从未间断。

例如，2009 年，由理查德·威尔克森和凯特·皮克特合著的《精神维度：为什么更平等的社会总是做得更好》（*The Spirit Level*：*Why More Equal Societies Almost Always Do Better*）一书，以及约翰·哈蒂的《可见的学习》（*Visible Learning*）一书相继出版，而且两本书都揭示了社会问题对弱势族群子女学业成就的影响。

因而，那些认识到特法瑞奇教育模式重要性的教师，希望以尤里的生态学理论为视角，从更为宏观的层面上看一看，不同地域环境、不同家庭背景、不同文化形态、不同社会制度具有怎样的教育影响力。他们想弄清楚的问题：怎样将儿童的生活环境与其他环境联系起来？伴随着全球市场经济一体化和日益高涨的简政放权诉求，新西兰国内社会也在不断发生变化。为了保障特法瑞奇的长远发展，我们应把握以下两点：一是抓住时机，在创新和文化整合方面形成合作意识；二是强力构建民主公平的社会愿景。

特法瑞奇文件特别注重从社会文化的角度看待学生的学习和发展。这些思想反映了尤里的人类生态学理论的基本观点，且通过特法瑞奇的四大原则得到了体现。四大原则包括教育赋权原则（尊重儿童及其家庭的权威与权力）、相互联系原则（学习在互应互惠的关系中发生）、家社一体原则（家庭和社区等诸多活动领域属于课程的重要组成部分）、全面发展原则（区别于传统教育的分类，注重儿童在社会认知、身体健康、情感态度等多方面的发展）。四大原则的基本出发点是将教育视为相互联系、共同参与的活动，反对以阶梯式或等级式发展来看待幼儿教育。但是，在阐述这四大原则应达到的教育目标时，特法瑞奇文件根据实际年龄不同将教育对象划分为婴儿、学步儿和幼儿三类。这样分组主要是因为 2 岁以下的婴孩非常娇嫩，身心易受伤害，特别需要有人监护。这么做也考虑到了出生率上升这一现实，需要对婴幼儿教育提供保障，因为按照新西兰的相关规定，当时的产假少得可怜，简直太短了。当时普遍采用混龄教学法，同时，特法瑞奇文件中关于婴儿、学步儿和幼儿的阶段划分又存在冲突，显然，其发展框架与以社会文化为视角的基本思路并不协调。

三、特法瑞奇的基本框架

特法瑞奇的基本框架由之前介绍过的四大基本原则和儿童发展的总体目标构成（表 2.2）。在文件中，儿童发展的五大领域用英语表述，非常具体，它们分别为情感归属、健康幸福、探索意识、交流能力、奉献精神。根据不同原则，五大领域可以扩展为 117 个指标。本书第四章至第七章，将对文件中的具体学习目标进行详细说明。在基本原则和儿童的学业成绩之间，最为重要的是拥有便捷的学习条件，它们本身也属于目标。

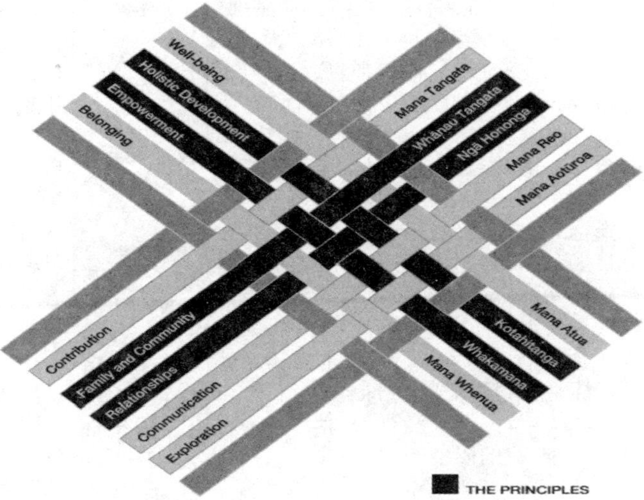

图 2.1　特法瑞奇课程编制框架图

表 2.2　特法瑞奇的基本框架

项目名称	项目内容				
四大原则	相互联系	全面发展	家社一体	教育赋权	
	学习在互应互惠的关系中发生	注重儿童在社会认知、身体健康、情感态度等多方面的发展	家庭和社区等诸多活动领域属于课程的重要组成部分	早教课程保证儿童拥有成长和学习等方面的基本权力	
教育愿景	本课程的根本愿望是，让儿童成长为富有竞争力、充满自信心的学习者和沟通者，他们心智成熟、身体健康、精神饱满，有安全感和归属感，同时拥有能够为社会做出积极贡献的基本知识				
五大领域	健康幸福	情感归属	奉献精神	交流能力	探索意识
18 项目标、117 个指标	儿童所处的教育环境应该：目标 1：促进儿童健康成长（含 4 个指标）；目标 2：陶冶儿童的性情品格（含 7 个指标）；目标 3：确保儿童远离伤害（含 7 个指标）	儿童及其家庭所处的教育环境应该：目标 1：与外界有紧密而广泛的社会交往（含 6 个指标）；目标 2：让儿童清楚他们拥有自己的生活场所（含 5 个指标）；目标 3：让儿童对各种规矩、习俗、惯例感到满意舒服（含 5 个指标）；目标 4：让儿童知道恰当行为和失当行为的限度与边界（含6个指标）	儿童所处的教育环境应该：目标 1：保证儿童学习机会均等，不因性别、能力、种族、背景不同而有所差别（含 8 个指标）；目标 2：视儿童为独立的个体存在（含 5 个指标）；目标 3：鼓励儿童与他人一起学习、共同成长（含 7 个指标）	儿童所处的教育环境应该：目标 1：发展儿童的一系列非言语交流技能（含 5 个指标）；目标 2：发展儿童的一系列言语交流技能（含 8 个指标）；目标 3：让儿童体验本族文化和其他文化中的故事与仪式（含 9 个指标）；目标 4：让儿童发现和发展不同的创新与表达技能（含 9 个指标）	儿童所处的教育环境应该：目标 1：重视儿童的自发游戏活动并确保儿童的游戏富有学习意义（含 6 个指标）；目标 2：让儿童信任自己的身体并能自控（含 4 个指标）；目标 3：让儿童学习独立探索、思考和推理的相关策略（含 5 个指标）；目标 4：让儿童学习自然世界、人类社会、物理空间、物质变化的基本规律（含 11 个指标）

认真阅读特法瑞奇的四大原则、教育愿景和五大领域，并结合21世纪以来其他国家颁布的幼儿课程文件，可以看出世界幼儿教育思想的趋同性。2007年，澳大利亚教育与人力资源部发布的首个国家幼儿课程框架的主标题是“归属、存在与成长”，其完整的名称是《归属、存在与成长：澳大利亚早期学习大纲》。该大纲特别重视幼儿的自我认同感，明确规定了儿童学习的五项目标：儿童有强烈的自我认同感、儿童与周围环境联系紧密并热爱周围环境、儿童有强烈的幸福感、儿童是自信且专心的学习者、儿童是善于交往的人。

苏格兰的《“0～3岁”幼儿教育指导纲要》明确提出了保证儿童拥有最佳学习起点和实现积极教育效果所应坚持的四大原则：尊重儿童权利、建立良好关系、关注各种需求、尊重儿童个性。

在加拿大不列颠哥伦比亚省出台的早教框架中，规定了四大学习领域：健康幸福与情感归属、探索意识与创新能力、语言掌握与读写能力、社会责任感与文化多样性。

在爱尔兰的课程与评价框架中，强调了以下学习与发展主题：健康幸福、自我认同感与归属感、交流能力、探索精神与思考能力。

各地幼儿教师在执行相关职业标准、国家课程方案以及政策的时候，会自觉地参考特法瑞奇文件以及以上诸多原则，以便在论辩交流的过程中阐明个人对幼儿教育原则和目标的基本态度。

本章要点

1. 特法瑞奇课程文件形成与实施的过程，明显是一种不断对话、协商的过程。

2. 毛利语“Te Whāriki”（特法瑞奇）意为所有人都可以站在

上面的“编织毯”，用它作为课程文件的名称，反映了新西兰人以开放、合作的态度制定早教课程文件的基本理念。

3. 特法瑞奇课程的原则、领域和目标，可以涵盖不同的教育理念，从而构成严密的框架体系。

4. 特法瑞奇文件并没有详细阐述课程目标与课程内容，而是鼓励各类早教人员或机构立足本民族文化和本地特色自主开展课程建设。

5. 特法瑞奇以社会文化的视角看待幼儿教育，认为教育的本质特性在于赋权、全面、生态、联动。

6. 特法瑞奇课程文件坚持生态文化的立场，这对于国家课程来说非同寻常。

7. 特法瑞奇课程文件引起了国际性关注。

思考题

1. 起源与影响：

（1）你了解与自己国家课程有关的历史吗？

（2）哪位理论家影响了你的课程开发？

（3）哪位理论家对你的教育理论与实践影响最大？

2. 视野与价值：

（1）哪些价值观念深刻地影响了你的教育实践？

（2）在幼儿教育领域，你是如何与同行们探讨相关价值观念和教育行为的？

3. 编织课程：

（1）就你目前的处境而言，怎么开发自己的课程？

（2）哪些人员会参与其中？

（3）你需要得到哪些支持？

4. 早期教育的重要成果：

（1）早期教育的重要成果有哪些？

（2）你的同事、你们园的孩子及其父母会分享这些重要成果吗？

（3）再次阅读《朋友间的友好行为》那则故事，说说其他类似的故事。什么样的环境能激励儿童做出善意、友好的举动？

第三章　文化认同与语言

美国的马基·卡特写道：

> 针对新西兰幼儿教育系统以及特法瑞奇早教课程的相关研究，为北美带来了崭新的教育思考和丰富的教育灵感。在美国，我们一直抵制那些杂乱无章、缺乏政府资助、高度商品化、政治化的幼儿教育方法。但新西兰为我们提供了不一样的教育景观，它们不仅让儿童获得了令人满意的学业成绩，而且在维护《怀唐伊条约》所认同的毛利人教育权方面卓有成效，为来自不同文化、不同组织的团体提供了共同发展的得力平台……所有研究新西兰特法瑞奇课程的美国人都会认识到：新西兰特法瑞奇课程文件的制定工作得到了政府的强力支持，最终获得了圆满成功；这为美国的教育研究工作者带来了新的思考，也为美国幼儿教育提供了不同的样板。我们的邻国加拿大政府从特法瑞奇文件中获得了启示，确立了他们自己的早教课程指南。这些成功的借鉴使我们意识到，美国也可以采用与以往截然不同的方法来确立幼儿教育目标，从而获得我们期待的教育结果。

一、引　言

特法瑞奇文件毛利语部分，并非直接由英语翻译而成。本章主笔人布兰达·莎塔认为，理解特法瑞奇的要义应把握好文件产生的二元文化社会背景以及毛利语和英语这两门语言在文件中发挥的重要作用。贯串本章而没有明示的一个问题：对于那些非毛利语读者而言，特法瑞奇涉及的毛利文化和他们有什么关系？会和他们产生怎样的联系？为了回答这个问题，本章涉及以下五大主题：毛利人的世界观、新西兰的历史、毛利语、语言巢的诞生，以及在毛利语教育背景下实施特法瑞奇课程的过程中毛利人与非毛利人之间的关系。

二、毛利人的世界观

基于目前的社会现状，了解毛利人的创世说和部落传说是理解毛利文化属性的关键。许多毛利习俗礼仪是毛利人生命存在形式和日常行为方式的反映。它们根植于毛利创世说和部落传说。毛利语被毛利人视为标志其文化身份必不可少的内容。许多原始毛利传说大都通过一代代毛利家族的口耳相传得以存在至今。毛利人始终相信，一旦这些传说用毛利语以外的语言表述，那么蕴含在这些传说之中的毛利文化内核也将消逝。兰吉努·沃克[①]认为，“毛利社会的神话起源是三大神话圈。第一大神话圈是神祇父母。天空之父和大地之母是人类最初的双亲。包括海洋、植物、动物以及自然世界在内的其他组成部分，通过这个亲缘关系构建的网络而相互联系”。

① 兰吉努·沃克，当代毛利文化研究学者、作家。1932 年出生于一个毛利家庭，为黎巴嫩后裔，曾获得新西兰功绩勋章，2003 年，他成为怀唐伊法庭的成员。——译者注

第二大神话圈是毛伊（Maui）的传说。毛伊在波利尼西亚神话中是一位机智而具有天赋的半神，传说正是他把新西兰的北岛从海中钓起。毛伊深受神祇父母的宠爱，经历了奇迹般的诞生和抚养。他能够拴住太阳、驯服火焰。第三大神话圈是塔瓦基（Tawhaki）的传说，而塔瓦基正是毛利神话中的雷神。毛利传说塑造的神人形象彰显了人类的力量，也反映了人类追求自身完美和个体不断发展的思想。这些关键的神话角色支撑着毛利人多神世界观的基本结构。

毛利社会的基本单元是大家庭，尤指包含三代人以上的大家庭。（Walker，2004，p.63）一个大家庭通常由四个或四个以上的毛利长者领导。几个大家庭组成次部落（hapū），次部落由和所有大家庭成员均有血缘关系的共同亲戚领导。毛利社会的第一大部落（iwi）由同一祖先衍生的几大次部落组成。这三大毛利社会单元都有一个相互协作的领导团体。这些领导者都是年长者，他们象征着部落的知识库，负责教育部落的子子孙孙。

毛利儿童的父母在社会学意义上并不限于自己的生身父母。父母的兄弟姐妹也对其子女的教育抚养承担相同的责任。毛利社会泛血缘化的抚养关系产生了一种普遍的社会现象：一个儿童可以由包括家族长辈在内的多个成年人教育抚养。许多毛利家庭至今都保留着爷爷奶奶抚养孙子孙女或叔叔阿姨抚养侄子侄女的养育方式。这使得亲戚间相互联系，而非彼此独立隔离。儿童经由亲戚长辈的教导，对“自己是谁、来自哪里”这些问题有了更为直观的体验，同时在人际交往中形成先人后己的美德。毛利人这种独特的教育方式，让所有亲戚共同参与到儿童的养育过程之中，更好地沿袭毛利人世代珍视的价值观、知识技能。毛利人坚信在不久的将来，这种教育方式将回报大家庭、次部落以及整个部落。

早期移民新西兰的欧裔白种人（Pākehā）大多是基督教徒或者拥

有基督教信仰。不同于毛利人多神论的主张，西方社会的信仰系统建立在一神论和唯一真理基础之上。这些欧洲移民认为基督教之外的其他信仰都是荒谬的。作为一名基督教徒，他们无法忍受毛利人信仰的世界观，甚至认为毛利人的信仰系统和基督教义存在冲突。传教士们身上肩负着一项改造毛利人的使命。然而这种所谓的使命却是企图彰显“西方种族和文化的优越感”。（Walker，2004，p.85）为了让毛利人接受基督教的“唯一真理”，传教士们开始着手“拯救”毛利人。

三、新西兰的历史

（一）欧洲人对新西兰的早期影响

1642 年，阿贝尔·塔斯曼[①]成为最早发现新西兰的欧洲人，但他始终没有踏上这片土地。因为这场短暂的访问充斥着敌对的气息。100 多年后的 1769 年，詹姆斯·库克[②]终于踏上了这片土地，紧随他之后来访的是海豹捕猎者和木材商人。40 年后，捕鲸船也陆续抵

---

① 阿贝尔·扬松·塔斯曼（1603—1659），荷兰探险家、商人。1642 年，他受命去寻找“失落的南方大陆”——当时荷兰人对澳大利亚的称呼。12 月 13 日，他抵达新西兰南岛，稍作探索后，他误以为这是南美洲的南端。他并不知道新西兰的北岛和南岛是分开的，故整体命名为“斯诺滕地”。之后他们继续北上，依照荷兰本土的西兰省名称命名新西兰。12 月 18 日，他的船队遭到毛利人的袭击，损失了 4 名水手，无法在新西兰登岸。——译者注

② 詹姆斯·库克（1728—1779），人称库克船长，英国皇家海军军官、航海家、探险家和制图师。库克和奋进号于 1769 年 10 月 6 日抵达新西兰，成为首位环绕新西兰航行的航海家。经库克翻译后，将原来的名称“Nieuw Zealand”正名为“New Zealand”。——译者注

达新西兰。

> 18 世纪的毛利人见证了这样一幕：土著毛利居民与代表欧洲资本家的殖民势力相遇。这些新西兰的原始居民（tangata whenua）与以英国皇室为代表的西方殖民势力协商签署了《怀唐伊条约》——新西兰国家的奠基性文件。（Waho，2006）

19 世纪 30 年代末，新西兰国内大约有 12.5 万毛利人和 2 000 多名外来移民。随着移民总人数的不断增加，英国皇室委派代表与毛利人协商制定共同条约。1840 年 2 月 6 日，45 位毛利领袖与英国政府代表威廉·霍布森以及一些英国移民代表在新西兰北岛的怀唐伊镇签订条约，故名《怀唐伊条约》。后来新西兰的各个地区都签署了这个条约。截至 1840 年年底，有 39 位毛利族长签订了这份条约的英文版，500 位毛利族长签订了毛利语的版本。作为英国王室与毛利人共同签署的一项协议，《怀唐伊条约》规定："毛利人各酋长让出其领土主权给英国女王，且允许英国移民者的到来，而英国女王陛下负责保护所有新西兰土著居民，并授予其一切英国公民之民权及特权。"（Waitangi Tribunal，2012a）怀唐伊法庭认为，《怀唐伊条约》的内容包括"积极保护原则、部落自治原则、重新调整先前不合理的条约、集体协商原则。承认并坚持这些原则是为了'积极保护'毛利语和毛利文化"。（Waitangi Tribunal，2012b）

和其他土著居民的殖民史一样，虽然最初新西兰的毛利人口总数远大于欧裔移民人数，但到了 1840 年，毛利人口总数却大幅减少。究其原因，主要是由于外来移民者携带的传染性疾病，再就是部落战争中广泛使用枪支所致。这些枪支是毛利人利用食物与首批移民传教士交换得来的。

（二）《怀唐伊条约》与特法瑞奇

在沃克看来，《怀唐伊条约》奠定了新西兰宪政的合法性。它为英国皇室统治新西兰这片土地提供了一块遮羞布。在随后的一个世纪里，英国皇室通过“加强控制和征收土地”的方式来扩大在新西兰的权力范围。（Walker，2004，p.98）《怀唐伊条约》签署之后，代表英国皇室执政的好几届政府都无法充分保障《怀唐伊条约》规定的毛利人应享有的权利以及同一切英国公民一样的特权。文献记载的无数历史事件可以充分说明这一点。即便如此，新西兰政府仍努力颁布相关文件，实施相关政策保障毛利人的切身权利，努力做到和《怀唐伊条约》的基本原则保持一致。作为新西兰首个在二元文化背景下产生的文件，特法瑞奇可以说是在教育领域保障毛利人受教育权利的典范。

在接受教育的过程中，所有儿童都应该有机会学习和理解《怀唐伊条约》与特法瑞奇文件之间的文化传承关系。特法瑞奇文件的主题和结构都反映了这种合作关系。（Te Whāriki，p.9）新西兰幼儿教育服务机构需拥护特法瑞奇文件并确保学习内容与文件精神保持一致。在特法瑞奇文件中，关于成年人如何落实《怀唐伊条约》基本原则的例子有很多。

特法瑞奇文件主张的教育理念显而易见，然而要在具体实践中真正履行这四大基本原则却任重而道远——要想协调好新西兰的过去、现在和未来，在不同的人、地、事之间建立起真诚对待、互敬互惠的关系，很不容易。毛利语是形成毛利文化认同感的内在组成部分，然而面对英国殖民者的同化统治，国内掌握毛利母语的毛利人急剧减少，年轻一代毛利人对本民族文化的认同感也随之减弱。挽救任何一种濒危语言都需要掌握这门母语的人前仆后继地付出与努力。在这个过程中，必须想办法让越来越多的本族人产生学习和使用母语的兴趣，这样才有可能恢复母语原有的生命活力。就这一点而言，毛利语也不例外。

四、语言巢的诞生：濒临灭绝的毛利语与日益松散的毛利文化认同感

征得彭妮·普图（2004）本人的同意，这一节内容主要引自他在2004年召开的第八届幼儿教育大会上的讲话内容，为读者介绍一下语言巢的发展历程。

20世纪70年代的新西兰，越来越多的毛利人不再说毛利语，他们对毛利民族世代传承的价值观、信仰、图腾和文化知之甚少。随着那些熟练掌握毛利语的毛利人日益衰老，说毛利语的毛利人越来越少。大多数毛利人不再满足于乡村部落的族群生活，逐渐移居到城镇都市。更为严重的是，新西兰的司法、住房、卫生、教育以及就业各领域的相关统计数据都在表明，毛利语的地位越来越低。年轻的一代毛利人对此公开表示不满，他们认为这是由新西兰的历史导致的。在英国殖民统治的过程中，对毛利祖先不公正的待遇以及毛利人在社会中所发挥的领导作用不足，导致新西兰社会尤其是国家政府行政人员多以欧裔白人为主。那个时候，虽然毛利人在部落会堂（marae）和部落聚会等公开社交场合已反复提出了这种不公平现象，但他们从未有机会利用公共媒体或以抗议的方式明确表达自己的想法。

那些毛利人的长辈们，已经深切感受到年轻一代毛利人日益高

涨的不满情绪，因而带头号召毛利人与新西兰政府共同复兴毛利语与毛利文化。他们建议新西兰政府通过毛利事务部资助那些掌握毛利语的长辈，用语言建构起促进新老一代人沟通的桥梁，让毛利人世代珍视的文化财富得以传承。1982 年，新西兰第一个语言巢正式成立。随后许许多多的语言巢在新西兰纷纷涌现。越来越多的毛利人参与到拯救毛利语、维护毛利语言活力的工作中来。女性占多数的毛利长者肩负起为 0 ～ 5 岁幼儿教授毛利语和传播毛利文化的使命。这些伟大的女性并不是孤军奋战，千千万万个毛利大家庭也逐渐加入到语言巢中来。语言巢成为维系毛利人亲属关系的重要社会单元。毛利人观念中的“大家庭”不再局限于同一个宗族体系或者部落亲属，而是基于为免除毛利语与毛利文化灭绝的命运、复兴毛利文化美好愿景的同盟。这样的大家庭模式意味着包括儿童、家长、教育者和支持者在内的每一个毛利人都是振兴毛利文化的有机组成部分。在现代都市生活背景下，这种新型的亲属关系让原本没有丝毫血缘关系的人们找到了一种久违的心理依靠和情感寄托。就毛利社会的本质而言，其正式而传统的礼仪活动少不了男性与女性共同参与。事实上，虽然语言巢的日常运转通常由女性负责，但男性参与其中也完全正常。

语言巢全国托管协会的成立，标志着新西兰毛利教育行政中枢的诞生。托管协会由全国不同毛利部落中德高望重的领导者组成。至此，语言巢成为复兴毛利语的国家性运动。语言巢采用浸入式语言教学法，将毛利文化的价值观、信仰和文化活动渗透于语言教学的全程。然而，我们清楚地看到，语言巢所承担的并非早教中心的教育角色；它们也没有探索什么幼儿教育模式和理论。在语言巢的早期发展阶段，人们担心相关幼儿教育哲学和早教实践是欧洲所特有的，可能侵蚀毛利文化的本真。语言巢刚成立的时候，纯粹是为了拯救毛利语和毛利文化，因而并不考虑儿童的才能培养与发展。不久后人们发现，要为生活在同一个地点的儿童营造积极的学习环境和丰富的语言环境，挑战重重。也正因为这一点，人们最初对语言巢运动取得的成功非常喜悦，但很快就开始忧心忡忡。语言巢诞生之初获得了人们的高度认可与期待，它在毛利族和幼儿教育部门居于独特的核心地位。在这样的政治环境下，1990 年成立的马纳塔玛瑞奇语言巢成为毛利教育的典范。在本书第六章“教育赋权原则”的案例介绍中，将对这所学校进行详细介绍。

五、特法瑞奇的实施现状

新西兰是毛利语和毛利文化的故乡。幼儿课程应促进毛利语与毛利文化的发展，以便让各种文化背景的儿童都能够习得和受益。（Te Whāriki，p. 42）

（一）毛利语的教育环境

毛利家庭之所以为子女选择毛利语的教育环境，大多是出于他们对复兴毛利语和毛利文化的热忱。他们相信，在英语和毛利语双语环境下形成的语言能力和文化共识对他们的子女至关重要。许多毛利家庭希望自己的孩子成长为富有竞争力、自信、精通双语且接受两种文化教育的人。由于父辈先前接受的是以西方文化为主导的学校教育，直接导致他们丧失了毛利文化之根，对毛利族的文化认同感降低。因此，他们在选择子女的教育环境时，极力主张退出所谓的“主流教育”。

（二）非毛利语的教育环境

自从实施特法瑞奇以来，它在相当程度上促进了新西兰教育方式的特色化进程。这种教育方式立足于《怀唐伊条约》，秉持保护毛利语和毛利文化的基本观念。正如特法瑞奇文件所说：为了儿童的充分发展，作为教育者的成人，应充分理解并乐于与儿童讨论教育过程中出现的二元文化议题，主动探寻毛利文化在教育决策方面所起的作用，确保毛利儿童形成较强的自我价值感。（Te Whāriki，p. 40）

当毛利儿童与他们的家庭在新西兰能够享受一定的生活标准，而且取得一定的教育成就时，他们也一定会对社会做出贡献。贡献的受益对象包括全体社会成员，不论是毛利人还是非毛利人。特法瑞奇文件宣称：特法瑞奇课程应含有毛利人、毛利人的生活地、毛利人的手工艺产品，在社会交往中，应创造学习和运用毛利语的机会。（Te Whāriki，p. 43）

除此之外，教育应加强与新西兰原始居民的联系，尊重大地之母……教育者应认可毛利家族谱系（whakapapa）的重要性，理解、尊重每一个毛利大家庭运行的过程，同时尊敬毛利长者……在教育过程中，应鼓励使用毛利语，运用毛利人富有创造力的艺术品，支持教学人员学习语言，在二元环境下理解相关的文化问题。（Te Whāriki，pp. 54，64，73）

在毛利人看来，1840 年以后来到新西兰的外来移民都应遵守《怀唐伊条约》。换言之，新西兰全体公民都应承担保护毛利语和毛利文化的责任。然而并非所有人都认同这一观点。在新西兰的幼儿教育部门中，更为广泛的说法是，每一位教育者都肩负着实现这些目标的使命，不论他们是毛利人还是非毛利人，无论机构内是否有毛利儿童。《幼儿教育测评示例》(*Kei Tua o te Pae*[①]系列丛书的第三册《二元文化评价》)针对二元文化视角列举出了教与学的不同例子。在《海滩上的婚礼》中，德西里为我们讲述了一个学习故事。她试图通过这个故事让读者了解探索真实自我的过程，体会她对大家庭的珍惜之情。德西里还向我们介绍了毛利人眼中关于人、物、地之间的互惠互应关系。

海滩上的婚礼

He aha te mea nui o Te Ao?

He tangata, He tangata, He tangata!

世界上最重要的东西是什么?

是人，是人，是人![②]

考特尼，你好呀！这世界真小呀！我们在芒格努伊山一起参加了这场婚礼。新郎是我的侄子鲁塞尔，我们在家里习惯叫他小名珀斯，他是你妈妈的表兄。新娘是贝克斯。我非常开心能在这里见到你们一家人，毕竟我已经好久没和他们碰面了。

---

① 为了使幼儿顺利从幼儿园过渡到小学，新西兰幼教机构不断对儿童进行测评，主要包括20本小册子，每一本小册子都用一个小故事来阐释教学大纲，帮助老师和家长理解大纲的意义。学习故事是新西兰幼儿课程重要的评价方式。——译者注

② 选自一首著名的毛利歌曲，歌词大意：当你将灌木丛的心取出，当你将语言和文化从人身上抽离，鸟儿将在哪里歌唱？人们何以继续存在？你问我，什么是世上最重要的事情？我的回答一定是，那就是人，那就是人，那就是人。——译者注

我的孙女莱拉和阿纳赫拉陪同我参加婚礼，还有孙女尼库一家也一同前来。这么一个大家族，我们集体相聚的机会总是很少。但我们在盛大庆祝集会时有机会互相探访，彼此交流。我也很高兴和你共度在赛奥因幼儿园的那段日子，有机会见证你的学习和成长。

与大家族保持亲密联系

He purapura I ruia mai i Rangiātea

E kore e ngaro

相信种子，相信岁月，相信故乡。

我们之所以知道“自己是谁”，是因为我们生活在大家庭之中并与其他大家庭保持联系。考特尼，如果没有你的降生，我就不可能当你的姑婆。我见证了你母亲的孩提时代，当然也了解你慈善友好的婆婆和爷爷，你的婆婆和爷爷都是幽默风趣的好人，和他们在一起总是愉悦欢欣，婆婆总能把我们逗乐，爷爷喜欢和大伙儿开玩笑，他自己也乐在其中。

考特尼，你知道吗？正是蕴含在过去时光里的生命力和毛利人的共同身份，才成全了今日的这个大家庭，才收获了这份骄傲自豪之情。家族成员间互相关爱、彼此照顾，分享生活点滴，成为彼此心灵的依靠。生活虽偶有挑战与考验，但流淌在我们血液中的幽默基因会将这些化解为满满的学习乐趣。考特尼，你在赛奥因幼儿园不断学习成长，在那里你将寻找到适合你自己的思维方式，你将成为一个自信、有担当的领导者。这一切，非常好！

在新西兰，除了特法瑞奇这个法定文件之外，还有不少明确要求成人在教育过程中应当保护毛利语和毛利文化的相关规定。作为保障新西兰（幼儿园、中小学）全体教师权利的常设国家机构，新西兰教师委员会颁布的文件也明确规定“《怀唐伊条约》赋予毛利人和欧裔白人同等的社会地位与权利，其中包括所有教师都有责任帮助所有受教育者获得平等的学业成绩”。在新西兰，完全注册教师应至少满足12项专业标准，[①]其中有一项要求“尊重《怀唐伊条约》的二元伙伴文化，尊重新西兰的传统、语言和文化”，还有一项要求教师“在新西兰二元文化背景下有效工作”。（NZ Teachers Council，2009）这12项专业标准均与特法瑞奇的基本精神保持一致。全国所有的教师培训课程，都要求学习特法瑞奇教学法。

在落实特法瑞奇课程文件的过程中，不仅需要借助法律文件的力量，更需要帮助那些对毛利语和毛利文化知之甚少的教师，特别是那些在日常生活中较少与毛利人交往的教师，解决他们遇到的困难才是当务之急。有许多新西兰人认为：在新西兰，每个人都拥有平等的机会，因此，那些遭受不公平待遇的毛利人是他们自作自受的结果。他们甚至认为，国内重视保护毛利语和毛利文化是一种特殊的文化待遇。新西兰种族关系委员会的专员乔里斯·德·布里斯指出：

① 在新西兰，共有3种教师资格注册类型：临时注册教师、准注册教师和完全注册教师。完全注册教师是注册类型中的最高级别，有效期为5年。2010年，新西兰新颁布的注册教师专业标准主要分为两大领域，即“专业关系与价值”和“实践中的专业知识”，其中，“专业关系与价值”涉及4项标准，“实践中的专业知识”涉及8项标准，共12项。——译者注

> 我仍旧能感觉到，一些欧裔白人狭隘地看待毛利民族。在新西兰，仍存在对毛利人的不公平待遇漠不关心的现象。同时，整个社会缺乏一种公正对待那些处境不利的人的观念。
> （Hartevelt，2012，p. A1）

在新西兰，持续进行的抗议与争论也证实了沃克所谓的困难，“一方面，毛利人持续不断地追求社会公平，另一方面，新西兰的国家民主进程步履维艰，很不成熟”。特法瑞奇有助于幼儿教育机构帮助所有儿童更好地扮演《怀唐伊条约》规定的社会角色。事实上，特法瑞奇也会让非毛利成年人逐渐重视与毛利人的深入交流，更好地履行自己的教育角色。

> He purapura I ruia mai i Rangiātea
> E kore e ngaro
> 相信种子，相信岁月，相信故乡。

特法瑞奇文件的毛利语章节的第一句话就是这句毛利俗语。Rangiātea 是毛利人世代重视保护的精神家园，更是毛利民族传说中盛产粮食的富饶之地。毛利人相信每一位毛利子孙都是 Rangiātea 田野上一粒种子的化身。因而，每一个毛利人的文化身份都应当得到充分保护。纵然有些毛利人远离 Rangiātea 成长，但这些人的精神家园仍旧扎根于此。他们只要回归毛利民族世界（te ao Māori），深埋在他们心中的毛利人精神就将得以复苏。这则俗语提醒每位教育者所应承担的责任，应让毛利儿童充分参与到毛利文化和毛利语的学习活动中去，并以此为途径重建他们的身份认同感。如果每个毛利儿童都能达到这样的教育目标，其他民族的儿童和成人也将会受益无穷，因为他们也将得到英语文化和毛利文化这两个方面的教育财富。

六、特法瑞奇与其他国家文化的联系

本书的读者可能认为基于毛利人文化背景的特法瑞奇文件与自己国家的教育关联甚少，甚至可能认为两者是毫无联系的。然而我们始终相信：优秀的教师应以开放的心态看待各种教育事实和教育行为，自觉地从文化认同和语言发展的角度去促进儿童的健康成长。本书前面各章节所引用的特法瑞奇文件中的内容均可译成其他国家的语言进行传播，但转述的前提是，任何一位特法瑞奇的国际研究者都必须高度重视新西兰的文化背景，否则很难把握文件的基本精神，因为二元文化是特法瑞奇扎根的土壤所在。莱拉·甘迪尼曾经问瑞吉欧教学法创始人洛利斯·马拉古齐“瑞吉欧教学法在学校教育中有何影响”，马拉古齐回答：

> 我们必须承认自己置身于一个复杂的文化背景中。我们身处历史长河之中，被各种学说、政治主张、经济势力、科技变革以及各种人类故事包围着，生存对于我们而言是一个学习妥协的艰难过程。（Malaguzzi，1998，p. 58）

特法瑞奇产生和发展的文化背景也是如此。瑞吉欧教学法世界知名，但守护该教学法的专家认为，因为文化不同，它不可能被意大利以外的其他国家完全复制。毋庸置疑，特法瑞奇教学法也不可能轻易在其他国家推广开来。但是，特法瑞奇作为跨文化背景下产生的良好课程范本，其根本目的在于培养拥有民主开放、多才多艺、视野开阔的现代人。从文化意识层面来看，特法瑞奇重视双语教育，注重维护家庭与社区之间的联动关系，这对于广大读者而言，具有深刻的启示意义。特法瑞奇文件所倡导的基本原则确实可以运用于其他国家的教育实践，甚至会普遍性地取得成功。但是，特法瑞奇只有在新西兰才能发挥它最大的教育效力，它根源于新西兰独特的文化形态，也必然是最适用于新西兰的独特的教育模式。

本章要点

1. 在特法瑞奇文件制定和实施的过程中，始终贯串着多元文化观，高度重视毛利人的历史和文化。认识到这一点，对于充分理解特法瑞奇文件至关重要。

2. 理解特法瑞奇文件的过程，其实就是了解新西兰毛利群落和其他民族团体历史演进的过程。

3. 语言是文化的核心所在，身份认同是幼儿课程实施的根本特征。

4. 特法瑞奇作为新西兰二元文化背景下产生的双语文件，其产生的历史和文化背景独树一帜。

5. 毛利人的文化处境对于反思其他国家的教育实践具有一定的启示意义。

思考题

1. 基于尤里·布朗芬布伦纳的人类发展生态学理论，你认为自己国家在本土文化、本民族语言的保护、支持、发展方面做得如何？达到了什么层次？

2. 在哪些系统中，你可以扮演一定的角色？你能扮演哪些角色？

3. 在怎样的语境中，幼儿可以充分习得一门或多门以上的语言？

4. 回想你自己学习母语的过程，哪些现象和证据表明你在语言学习过程中日益精进？你会不断追求提高自己的语言运用水平吗？你自己国家的幼儿教育条例中是否有语言发展阶段方面的规定？

5. 对于大多数人而言，生命和学习都具有精神属性。你觉得怎样才能让这两者发生联系？

6. 在文化认同和语言发展方面，本章哪一部分内容给你的印象最深？这些内容引发了你怎样的思考？

7. 再次阅读《海滩上的婚礼》，讨论一下“我们之所以知道‘自己是谁’，是因为我们生活在大家庭之中并与其他大家庭保持联系”这句话的意思，谈谈你的个人观点。

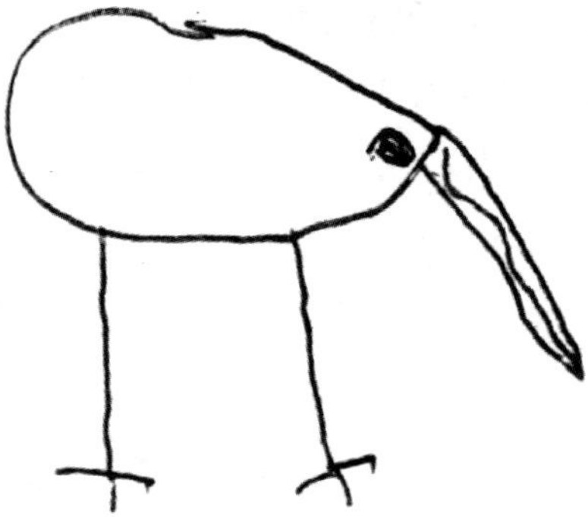

第四章　原则之一：相互联系

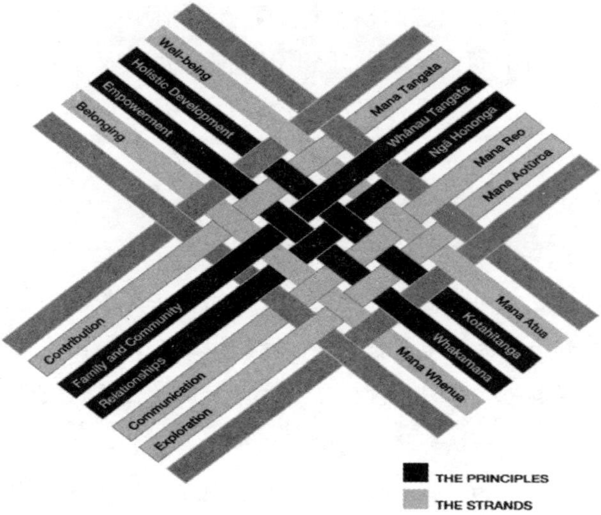

当我思考“相互联系”这一原则时，葛朗特沃特·史密斯和怀特说过的一句话回响在耳边：“那些极力提升学生与教师生活品质的学校，虽然在办学过程中可能会遭遇困难与挑战，但相关做法有助于构建一个更讲道义、更为公正的世界。”就其核心理念而言，在成员之间建立起互应互惠的关系是为了提高学习共同体的生活品质，让聪明、快乐的学习者成为教育活动的中心。教师应考虑如何激发学习者的学习兴趣，从而构建公平正义的世界。这对于我们来说是多么美好的挑战啊！所谓的“玛那奇唐加”（Manaakitanga），代

> 表的是友善、好客与谦卑，它们是毛利族世代珍视、彼此共享并努力付诸实践的学习动力。（Teacher reflection, Marianne）

本章介绍的相互联系的课程原则反映了特法瑞奇文件在社会文化视角下关于教和学理念的根本精神。在英语中，相互联系原则意指“儿童通过与不同人、不同地和不同物建立互应互惠的关系进行学习”。在特法瑞奇文件颁布的同年，让·莱夫发表了社会/关系学习理论。该理论认为：

> 一般学习理论的出发点和落脚点都聚焦于个体，尽管这些理论也赞同社会与环境的中介作用，但非常关注个体差异，包括个体的学习效果、学习内容以及个人与团体在这些方面的差异性。学习心理学认为，学习的关键是找准学习目标和学习方法，认为优异的学习成绩因人而异，并不是所有人都可以获得的……在我看来，在当前这种形势下，只有深入思考学习的社会性、团体性，而不再将其视为纯粹的个体心理活动，相关理论研究才有可能找到新的出路。（Lave, 1996, p. 149）

在社会文化方面的理论文献中，詹姆斯·沃茨曾强调：在处理个体与集体或个体与环境的关系时，应保持“中间状态”。这种状态不只是认同社会关系和环境在学习过程中的作用，而且更好地表达了特法瑞奇文件所强调的互应互惠关系。该文件强调，在构建学习关系时要重视归属感，要增强活动的参与度，要发挥团体的作用。

不论儿童处于哪个学习团体，不论是在家里还是在外面的幼儿教育中心，他们都会获得不断学习的成长机会。在这样的团体中学习，能够让儿童比较各种各样的做事方法；能够让儿童与不同的时间、空间联系起来；能够建立各种各样的人际关系；能够见识各种各样的思想观点。这些学习经历能够丰富儿童的生活、情感，能够为他们应对新的挑战提供知识技能以及意志力方面的支持。（Te Whāriki，p.9）

针对学习结果，文件进一步强调：

当儿童沉浸于以彼此信任、相互关爱、目标明确、幸福愉悦为特征的环境之中时，他们的学习热情就会高涨，良好的学习态度就会得到培养。在这样的教育情境之中，所有人都会有所准备、有所贡献、有所参与、有所支持、有所沟通与分享。（Te Whāriki，p.45）

有一位教师的教育反思也强调了这种环境的重要性：

身为社会成员，环境对我们影响至深。环境可以将人们聚集一堂，也可以将人们分隔两地。环境的力量如此之大，因而我们有必要创建属于自己的环境“联结中枢”，以便时刻保持联系，获得新思想、新观点，同时为儿童提供获取有趣学习资源的多样途径。我们精心营造环境的目的在于，弘扬尊重他人以及团队协作的价值观念。在这样的环境中，教师可以与各小组儿童交流，所有成员都享有倾听、讨论、辩驳、争议的学习机会。——杰奇

一、人与人的关系

人际关系和关系教育学的根本在于关系原则。（Peters，2009）在英国，一项针对学前教育的纵向跟踪调查表明：儿童与他人保持可持续的思想交流是极其重要的。（Sylva et al.，2010）

> 就其根本价值而言，“卓越”的学习环境有利于促进持久的思想交流。这种“可持续的协同思维”发生在两人或两人以上的“合作”之中。在这类交流活动中，大家同心协力，采取理智的方式处理问题，诸如阐明概念、评价成效、讲述故事等。（Sylva et al.，2010，p.157）

语言、语种和对话是教育界最关心的话题。例如，2007年，尼尔·默瑟和凯伦·利特尔顿发表了“对话是影响儿童思维发展的首要因素”这一观点。对此，玛格丽特也在一篇论文中进行了例证分析，强调儿童的思考学习过程与教师所使用的言语策略之间的重要关系。当然，对于那些善于察言观色而又反应机敏的幼儿教师而言，“对话”并不一定要借助语言才能展开（参见本书“致谢与导言”中“课程过滤器”方面的内容）。作为参与“教学研究计划”的教师，罗宾逊和巴特利特合写了一份调查报告，发表在《幼儿教师参考》杂志上。该报告探讨了“疯石”活动项目中师生之间形成的互应互惠关系，讲解了互帮互助、共同参与雕刻活动的许多故事。相关记录说：

> 不论教师还是学生，都意图明确，知道身处相同的学习环境。在这种环境中，学习者与教育者的角色可以互相转

换，方向与目标可以彼此兼顾、不断调整。（Robinson and Bartlett，2011，p. 11）

在讲完石刻活动的故事以及两种截然不同的儿童学习方式之后，两位教师进行了总结评价：

这种学习环境具有强大的教育作用，可以为师生提供许多协作探究的机会。所有的参与者都可以改变自身角色，他们既可以是教师，也可以是学生，都能够参与到更为广阔、"真实"的人际关系中去。

在《幼儿教师参考》这本杂志的同期议题中，一位小学教师和一位合作研究人员共同探讨了"软贝壳"（tuangi）的喻义。[①]该隐喻把贝壳的两扇贝叶比作一所学校的英语课堂和毛利语课堂，把贝叶的相互联结比作学校二元课堂生态环境和文化背景下师生之间形成的互惠关系。(Simpson and Williams， 2011)

尽管特法瑞奇文件已经正式发布了，但人们仍会不断思考其中蕴含的教育思想和哲学理念，追溯文件策划与编写人员的教育智慧。在新西兰，当我们思考教与学关系中的主要角色时，总会想起一首著名的毛利歌曲。该歌曲经海里尼·墨尔本（2009）谱曲后，在学前教育领域产生了广泛的影响。

E tu kahikatea

He whakapae ururoa

① 毛利语 tuangi，指的是新西兰特有的一种双壳两瓣贝壳。——译者注

Awhi mai， awhi atu，
Tatou tatou e
我们像树一样站在一起，
手拉着手，心连着心，
不畏风雨，一路同行。

二、人与地的关系

关于地方教育，已有大量研究成果。例如，2011年布莱恩·瓦特肖和迈克·布朗出版了《地方教育学》（*A Pedagogy of Place*），2005年多琳·梅西出版了《守望太空》（*For Space*）。参照特法瑞奇文件，帕姆·惠蒂对加拿大《新不伦瑞克课程大纲》（NBCF）[①]发表了评论：

> 在《新不伦瑞克课程大纲》文件的制定中期，我曾想把文件命名为“地方存在感”。当时，我一直在想新西兰特法瑞奇文件利用了“编织毯”这一隐喻，但什么隐喻适用于《新不伦瑞克课程大纲》呢？在我看来，“地方”在大纲中扮演着关键角色，它既可以指现实场所，也可以喻指虚拟场景……20世纪70年代，也正是出于对新不伦瑞克的怀念和情感归属，我再次回到了这片土地。（Whitty，2009，pp. 51-52.

① NBCF是New Brunswick Curriculum Framework的缩写，译为《新不伦瑞克课程大纲》。新不伦瑞克居加拿大3大沿海省份之首，也是加拿大绿色的沿海省。该省的西部与美国的缅因州接壤，西北部则和魁北克省毗邻。——译者注

接下来，Whitty从地方乡土文化、故事传说以及历史争夺三方面阐述了地方教育的内涵）

《人》讲述了5名儿童乘坐巴士参观其中一名儿童的家的所见所闻。这个故事向我们展示了儿童与任务、地点之间形成的多重关系。

人[①]

今天下午，我和4位好朋友共同经历了一次冒险。我们策划讨论这个活动已经有好几天了。时机终于成熟了，我们真是太兴奋啦！我和卢松古、丹尼尔、塔涅克还有杜尔西准备在周三下午一起坐公交车去卢松古家里做客。当我们5个小伙伴在公交车站热切地讨论接下来的冒险之旅时，心里也盼望着59路公交车快点进站。公交车上除了我们5个人之外，几乎没有别的乘客。下车后，卢松古负责在前面带路。此时，他的爸爸托马斯和妹妹塔维拉正在家门口迎接我们。我们一队人和他们短暂寒暄后便脱鞋进屋了。卢松古热情地

① 本故事的记录者是温迪·P。

带领我们参观整间屋子。在他的带领下，我们穿过走廊来到他的房间。女孩们绕到妹妹塔维拉的屋里去，她们一起玩耍，共度美好时光。从塔维拉的房间到卢松古的房间，需要走过一段庭院。这里有太多的东西值得我们细细参观……经过这次冒险活动，我们一队人不禁思考：卢松古在家里是个什么样子，在外面又扮演什么角色呢？卢松古过去喜欢玩什么游戏？他一般在家里哪个地方玩游戏？他家除了爸爸和妹妹，还有哪些人？

三、人与物的关系

儿童（包括成人）与具体事物之间形成的关系会涉及方方面面的内容。幼儿课程给人的第一印象可能是儿童在幼教中心与不同的物体打交道。这些物体不过是儿童与外部世界沟通的媒介。需要注意的是，幼儿园里的成人其实也在和这些充当沟通媒介的物体打交道。就博物馆而言，它为人们讲述的是不同社群与不同物体之间发生的故事。由菲奥娜·麦肯高和克里·泰勒共同编写的《特马纳瓦故事集》（*Object Stories from Te Manawa*，2011）一书，生动地讲述了新西兰博物馆的许多藏品与当地语言巢之间的故事。由凯特·帕尔和詹妮弗·罗赛尔合著的《艺术鉴赏：藏品给你讲故事》（*Artifactual Literacies*：*Every object Tells a Story*，2010）一书，则说明了不同物品在陈述故事、表征意义和展现事件关系中所扮演的重要角色。儿童表演游戏环节所使用的道具象征着现实的事物，代表着不同的身份。无论是木块、沙地、书本、树木、画笔、电脑还是铅笔，都可以成为儿童用来表征符号、表达故事、想象设计、解决问题、探究发现和游戏学习的工具。

埃蒂纳·温格写道：情感归属作为新西兰幼儿课程的五大领域之一，特别强调地点和物体在教育过程中所发挥的作用。他进一步解释道：

> 我们在讨论儿童的情感归属时应注重教学设计的可行性，仅仅考虑课程的实施问题还不够，还要特别考虑教学设计对学生个体身份认同可能产生的影响。学生需要：①乐在其中的环境；②多种多样的材料和体验，从而构建自我概念和个人的世界观；③各种发挥个人影响力的有效活动方法。

作为客观存在的国家课程文件，其实也是教育评估的重要依据。在故事《小木匠伊登》中，讲述了锤子对于培养小女孩伊登解决实际问题能力的重要作用。

小木匠伊登①

伊登发现内外连接件上的钉子凸了出来，接着若有所思地离开了。不久，她手里拿着一把锤子回来了。伊登又仔细观察了一遍那根凸出的钉子，然后用手里的锤子敲打着那根钉子。她敲了几下后，停下来认真检查钉子是否钉正，接着继续敲打，直到凸起的钉子被完全敲平。

我的教育反思

伊登细心观察到凸起的钉子，借助锤子将钉子敲得又正又平。这反映出伊登清楚地了解何时应使用锤子以及如何使用锤子。她对外部世界的运作原理已形成了自己的判断，当她发现问题时，懂得运用身边的工具解决实际问题。伊登，好样的！

四、描述性学习指标

正如第二章指出的那样，特法瑞奇文件中的教育目标，不论是对学习环境的描述还是对学习结果的表述，都是描述性指标，而非确定

① 本故事的记录者是温蒂·X。

性指标。众所周知，积累一定的词汇量对儿童学习语言有重要作用。帕姆·惠蒂关于语言学习指标的讨论，很值得借鉴：

> 正因为新西兰的教育工作者书面描述了幼儿学习应达到的指标，《新不伦瑞克课程大纲》的制定者才得以启示，思考语言学习指标的重要性，追问新不伦瑞克地区语言教学的现状：这些指标适合本省吗？有没有不同的选择？当我们全力以赴而更加全面地转向后基础主义理论与实践的时候，语言学的哪些理念可以纳入《新不伦瑞克课程大纲》之中呢？这种转向何以为教师、儿童、家庭和教育政策制定者服务？除了利用这些描述性语言之外，我们还特别注意制定基础广泛的学习指标。（Whitty，2009，p.43）

《新不伦瑞克课程大纲》中基础广泛的学习指标：健康幸福、游戏嬉闹、听说读写、多元包容与社会责任感。帕姆·惠蒂引用了彼得·莫斯的语言发展理论：

> 人类语言优于工具理性和技术实践。语言发展的首要问题：学习语言的指标是什么？是什么力量推动人类语言的发展？在思考这些语言问题的过程中，人们建立起了学习过程与学习结果之间的二元关系论。（Moss，2007，p.229）

在特法瑞奇文件中，学习目标由指示性动词或指示性行为构成，它们均由五大领域（健康幸福、情感归属、奉献精神、交流能力、探索意识）中的指示性、描述性概念展开而来，诸如“这看起来会是什么样”“我们怎样才能在看到它时就认识它”“我们在为什么而奋斗”。文件中的这些指示性（而非规定性）学习目标的作用在于激发思想、提供思路，给新西兰不同地区各具特色的幼儿教育留下了更多自主探索的空间。这些结果也在提醒人们：五大领域是一个框架，相关指标可以灵活多样，无论是过程还是结果，都需要不断建构。当然，课程文本中的这些“指标”缺乏明确规定的内容，如果我们因此回避问题而过分强调活动情境创设和学习关系构建的话，最终必然影响儿童的实际学习效果。特法瑞奇文件共有 117 项学习指标。与其配套的还有描述性评估（新不伦瑞克省的老师们也采纳了这种做法），其中对相关活动的要求，使各种学习情境之间的联系更加紧密，也更富有生气。在第五章中，我们将结合教育基本理论和学习倾向性问题对特法瑞奇课程的相关内容进行更深入的讨论。读者还可以通过阅读安迪和肖恩合著的《教育目标：现代与后现代的阐释》（*Educational Outcomes*：*Modern and Postmodern Interpretations*，2000）一书，以便进一步了解加拿大与澳大利亚的教育现状。

五、案例研究：格林顿早教中心[①]

在新西兰的五大学前教育创新中心中，格林顿早教中心排名第一。[②]作为一所全日制早教保育中心，格林顿早教中心主要接收 0～5

---

① 该中心的英文全名是 Greerton Early Childhood Centre。

② 2002 年 9 月，新西兰政府颁布了《未来之路——新西兰学前教育十年战略规划》（*pathways to Future*：*Nga Huarahi Arataki*）。为了实现“未来之路”中“提升学前教育质量”的目标，新西兰教育部于 2003 年 7 月开始实施学前教育创新中心项目。该项目计划以三年为一个阶段，每个阶段都有若干所学前教育机构参加，每所机构都有自己的教育创新点。其中，第四和第五阶段由于经费和设计不足，在 2009 年提前结束。——译者注

岁的学龄前儿童。该中心共有两类教育基础设施，分别是用于婴儿和学步儿童的整修屋和用于学步儿童与幼儿的五分钟爬行区域。[①]就整修屋这类建筑设施而言，本身并没有明确的建筑用途。

该中心的儿童除了来自附近地区的中低收入家庭外，还有一部分来自陶朗加的不同地区。[②]每天大约有25名婴儿和学步儿童到整修屋学习，有35名学步儿童和幼儿到爬行区域学习。园内所有教师都持有幼儿教师资格证。

作为新西兰早教创新中心的重要组成部分，格林顿早教中心的教师们总结归纳出了以“问题质询”和“问题探究”为特色的中心文化。由此可见，教师们的研究兴趣集中在互应互惠的人际关系上，而且很明显的是，相关实践已成为他们的基本原则。

接下来的案例引自该中心发布的年度报告，主要讲述孩子之间以及孩子与成人之间建立起来的各种互应互惠关系。

（一）情感归属：完善活动方案，静观发展变化

对于格林顿早教中心的教师而言，教学的工作重心是培养儿童及其家庭的归属感。在整个调查研究的过程中，教师需要反反复复思考归属感问题，并由此寻找切实可行的办法，在儿童、家庭及同事之间建立起互应互惠的交往关系。这些教师意识到，倾听在整个教学过程中发挥着极其关键的作用。他们认为：

① 相关阶段划分为婴儿时期（出生到18个月）、学步幼儿时期（1岁到3岁）、幼儿时期（2岁半到5岁）。——译者注

② 陶朗加（Tauranga）为新西兰北岛北部港市，总人口为10.6万人。

> 教师积极主动的倾听态度和注意力的相对集中，有助于与儿童及其家庭形成良好的关系，有助于促进儿童各个方面的学习。我们相信，这些做法也会提高教师本人的观察力、识别力以及对儿童及其学习的应变与反馈能力。

随着研究的不断推进，他们特别关心相关做法之于婴幼儿的意义是什么。欲了解婴幼儿的希望是什么，教师就要认真倾听，因为他们最熟悉这些儿童。研究表明，还要给婴幼儿充分的自由、充沛的时间和充足的空间，让他们去探索，让他们自主决定，让他们成为积极、专注、投入的学习者。因此，倾听、对话对于培养儿童的归属感非常重要。另外，若想构建相互协作的学习环境，找到教师的教育目的和儿童的学习动机之间的契合点，也是非常重要的。

（二）健康幸福：重视游戏及其娱乐活动的价值

格林顿早教中心的教师们认为，对于那些彼此熟悉的朋友而言，如果能够听到他们会心的笑声，便可以知道他们的游戏富有娱乐价值。有时，这些游戏活动还会带有强烈的“愚人”和恶作剧的性质，但依然不失其娱乐性质。许多活动都是由教师组织调控的。有一次，4 岁的小男孩凯姆调皮地藏进了一个大纸箱里。科任老师罗伯特突发灵感，他让班里的孩子们在纸箱上写下另一名老师梅丽莎的名字。紧接着，孩子们跑到梅丽莎身边，簇拥着请她签收“包裹”。梅丽莎看到自动爬行的包裹时感到无比惊讶，而孩子们却为这个恶作剧的成功欢欣鼓舞。

教师们还重视营造学习过程的欢乐气氛。一张精彩的照片充分地说明了这一点。照片上一位教师轻轻地摇动樱花树的枝丫，盛开的樱花纷纷飘落，仿佛下了一场樱花雨。孩子们的脸上洋溢着纯真的笑容。

（三）探索意识：以韵律性活动替代日常教学活动，探索儿童潜在的学习问题

格林顿早教中心的教师们为了让孩子们在玩游戏时集中注意力，采用韵律性活动替代日常教学活动，保证儿童有足够的时间和空间全身心地探索周围的世界。游戏从来都没有严格的时间限制，也不完全依照事前的安排进行，而是根据教学实际动态生成。（Final report，p.19）一位教师记录了弗林的成长故事：

> 弗林花费了很多时间去探索周围的世界，想弄清楚它们的来龙去脉。他通常最晚去吃午餐，即使大多数孩子都已进屋玩耍，他还是能够待在户外，认真、仔细地完成自己的试验……

当詹妮尔老师举起照相机准备拍摄一个“重大瞬间”时，妮莎的注意力从一粒贝壳转移到了这个照相机上来。妮莎只有 7 个月大。詹妮尔心想：“她的这个举动想告诉我什么呢？”于是她把照相机交给了妮莎，并开始考虑：“当我把照相机交给一个婴幼儿去玩耍的时候，目的是什么呢？”另外，“妮莎能从中学到什么呢？”日复一日，妮莎的成长记录袋中记录的学习故事越来越多。当妮莎越长越大，她对外界事物表露出来的好奇心愈发明显，詹妮尔老师对妮莎的了解也越来越深入。

（四）交流能力：教师解读儿童语言的重要手段

格林顿早教中心的教师们开发了一套与婴幼儿进行有效沟通的方法。洛琳老师发现，卢比爬到了户外活动设施区的一个斜坡上。洛琳指出：

> 不同于其他小孩直接顺道爬到中心新建的自然庭院斜坡上，卢比似乎更愿意绕着边道爬行……这是因为第一天她从婴儿房爬到幼儿房，爬了相当远的路。对于她来说，这是了不起的成就。卢比全身的肢体语言都在向我传达这样的讯息。这是无可争议的。若真的要我提供进一步的证明，无疑是卢比很早就已经开始探索这段路程了。

不论是对婴儿、幼儿，还是对年龄更大的孩子，格林顿早教中心均采取“主管教师”政策。实施这项政策能够保障每个教师更有针对性地关注每个儿童的语言，包括识别他们的嗓音、身体姿势、面部表情和肢体动作等。

该中心的另一个教师罗切尔，对正在学说话的卢比说：“卢比，你想让老师读这个故事给你听吗？”接着她又补充道：“你不要模棱两可地回答，如果不愿意的话，可以直接‘拒绝’！”实施主管教师负责制，有利于教师更全面地了解儿童，从而提高他们解读儿童内在动机的能力。

（五）奉献精神：为各种协作创造空间和机会

在格林顿早教中心的教学文化中贯串着一条公平的主线。这里的工作人员会经常追问：这是一个公平的地方吗？在这里，相关规则并不是强制性的，而是在日常教学中逐步渗透的。关于公平方面的问题，人们习惯于经过协商达成共识。该中心重视让儿童形成友善待人的品性。在这个中心，儿童之间相互体谅的例子比比皆是。从内外各方面为儿童营造舒适的成长环境，有利于培养儿童友好善良的品性。还在学走路的卢比咿咿呀呀地为同伴“朗读”书本内容，就是最好的例证。在格林顿早教中心的不同教学场地，师生都自觉地为团结协作创造适宜的条件。例如，关于如何将独轮车推过狭窄的木板桥这样的事情，就肯定需要他人提供帮助。在该中心，所有合作方面的故事都会被记录在案，老师们也都懂得相关记录的重要价值——有助于这些孩子更好地认识自我，让他们意识到每个人都是实力强大、乐于助人的学习者。当孩子们与同伴、家人一起回顾、分享这些真诚善良、富有思想的团队故事时，又可以进一步加深他们的自我理解和自我认知。

六、与相互联系原则相关的指标示例

表 4.1 为读者列举了相互联系原则在情感归属、健康幸福、探索意识、交流能力、奉献精神五大领域中的学习指标。五大领域均以名词表述，而相应的学习指标则用动词或可观察的行为来描述，如增长知识、增进理解，以及发现、讨论、协商、争辩等。通常来讲，这些行为可用于描述多个目标的学习结果。而这恰好反映了特法瑞奇文件对各种关系的重视，凸显了“编织毯”的深刻喻义。

表 4.1　相互联系原则在五大领域中的学习指标

课程目标	学习指标 / 儿童发展
情感归属	增长关于本地地理环境以及当地社区在精神信仰方面的知识，如爱护本地山川、河流等
	通过接触那些家庭之外的相同的人物、形象、物体、语言、视听、气味等，理解幼儿教育环境与熟悉的外部世界之间的联系
	通过接触那些不同的人物、形象、物体、语言、视听、气味等，对家庭以外的陌生环境产生兴趣，从中发现快乐
	对规则、权利以及公平等问题，具有讨论、协商的能力
	具有合理表达、独立表达不同于他人甚至对立观点的能力
健康幸福	对变化、新奇、困惑、不确定之事，能够保持适度容忍与欣赏的态度
	自信而有能力表达情感需求，并相信这些需求能够得到回应
	对自己和他人的健康幸福负有责任感
探索意识	在空间运动、韵律运动以及与他人一起玩耍方面有信心
	有能力检索、筛选和利用相关信息，包括使用参考书
交流能力	自信且有能力表达自己的思想，以便协助他人
	具有合理表达、独立表达不同于他人甚至对立观点的能力
	能够在较为复杂的情况下恰当地使用相关语言表达个人意图
	具有倾听并适时做出恰当反应的能力
奉献精神	具有自我意识、自我空间意识以及自我存在的价值意识
	具有在各种情境下与其他儿童建立、保持、享受良好人际关系的策略与技能
	能够理解自己与他人所享有的基本权利
	能够识别他人的歧视态度与行为，并对此做出恰当的反应
	能够尊重来自不同背景的儿童，能和他们轻松互动交流
	懂得及时采纳他人的意见，具有同理心
	对集体的需要和福祉有敬畏之心和责任感，包括自觉执行集体的决策

本章要点

1. 特法瑞奇的基本原则之一是儿童通过与人、地、物建立互应互惠的关系来学习。

2. 特法瑞奇课程文件强调归属感、参与度和团体效应。

3. “持续的协同思维”是互应互惠人际关系的重要方面。

4. 就互应互惠的“人地关系”而言，其中的地点既可指现实场所，也可喻指虚拟场景。

5. 构建互应互惠“人物关系”的过程，就是利用手工艺品和博物馆藏品文化价值的过程。

6. 特法瑞奇文件对儿童学习结果的表述是指示性的，而非限定性的。五大领域（情感归属、健康幸福、探索意识、交流能力、奉献精神）都是名词，而相应的学习指标使用的是动词或描述行为的词汇。

思考题

1. 就“相互关系”而言，你对本章哪部分内容印象最深？这些内容对你有何启发？

2. 再次阅读《人》，你认为这个故事中发生了怎样的学习？

3. 再次阅读《小木匠伊登》，就儿童与物和“现实生活”的关系而言，你想到了哪些事情？

4. 结合本章格林顿早教中心的案例，思考以下问题：

（1）该中心应该为儿童提供怎样的机会，他们才能对相关项目进行修改完善？

（2）你还能回想起哪些有趣的童年故事？

（3）日常活动在早教中心应当居于怎样的地位？在日常活动和游戏活动这两者之间，能达到相对平衡吗？

（4）如何有效识别儿童的语言？怎样促进儿童的语言发展？

（5）协作活动需要哪些机会？

第五章　原则之二：全面发展

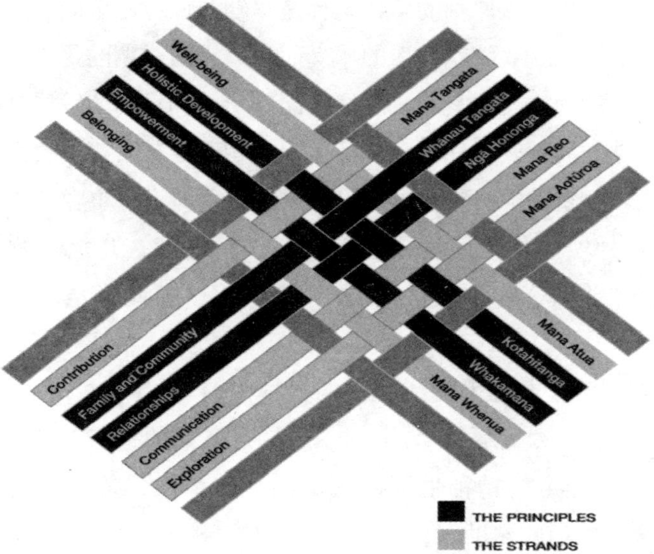

在我们看来，每个儿童都是一个复杂的生命体，他们身上总是带有一些之前学习的知识、经验和技能，也都受到过不同地域的经验、语言、文化和宗教的影响。他们需要别人的尊重。所有这些足以决定了儿童存在的复杂性，而克服这种多重复杂性的唯一途径是与儿童及其家庭建立起富有意义且相互尊重的关系。同时还应该认识到，与儿童生活的社区建立良好的互动关系也非常重要。这肯定要花费很多时间，但绝不能图懒省事。即使我们无法做到完全了解，但必

> 须有自知之明，必须耐心倾听儿童及其家庭自愿与我们分享的那些不便于公开的学习故事。（Teacher reflection, Robyn）

在特法瑞奇文件中，指导教学及其目的的第二大基本原则是“全面发展”。文件对该原则的总体阐释是“幼儿课程应全面反映儿童的学习与成长”。就“编织毯”的喻义而言，它所强调的是“人类认知能力、社交能力、文化素养、身体机能、情感和精神的发展是相互交织的整体性发展”。特法瑞奇概括了促进相互连接、相互交织的多种方式方法。儿童的学习与发展可以通过以下手段进行整合：

1. 各种实践活动，如日常护理、一日三餐、儿童管教等，不要总是和“课程”一词联系起来。各种任务、活动和情境对儿童而言都有意义。

2. 提供自主探索和自主游戏的各种机会。

3. 在人、事、物各个方面建立起持久友好的关系。

4. 重视儿童的精神生活，从文化基础、社会条件和个体特征等方面给予恰当的帮助。

5. 承认父辈对儿童自我认知的重要影响与积极意义。

下面以全面发展为视角，主要从儿童形象、理想社会、全纳教育和重要成果四个方面，对课程发展与实施问题进行总体性探讨。

一、儿童作为依赖者、学习者和社会公民的形象建构

在一篇论述儿童观在政策制定过程中发挥作用的论文中，琳达概括归纳了三类儿童观，即作为依赖者的儿童观、作为学习者的儿

童观和作为公民的儿童观。作为依赖者的儿童观，所强调的是父母应该承担的家庭责任，除非父母没有履行相关责任的条件。作为学习者的儿童观，视儿童为学习共同体的一员，特别强调学习环境在幼儿教育中的重要作用，特别关心家庭在儿童的学习取向和健康幸福方面的实际贡献。作为公民的儿童观，特别重视儿童的各项权利，强调儿童既是小社群一个体，也是大社会一成员。在琳达看来，幼儿教育的目的就是为了社会的繁荣发展。以上观点与政策导向和幼儿课程发展息息相关。而从课程的角度来看，显然特别值得讨论和辩驳。相关问题不仅限于技术层面，更关键的是究竟该如何看待儿童。

2009 年，安杰拉·安宁对英国划分早教基础阶段[①]的基本原则发表了看法。她认为，这些原则的根本思想在于：每个儿童都是独特的，都需要和谐的人际关系、赋能的环境以及学习与发展。[②]但是，

---

① 英国幼儿教育各机构在使用《每个孩子都很重要》（0~3 岁）、《基础阶段课程指南》（3~5 岁）以及《日间托儿所和保育国家标准》（幼儿出生以后 8 周到 5 岁）的过程中逐渐发现，三者之间缺乏一定的顺承性和连贯性。鉴于此，2006 年 4 月，英国教育与技能部通过征询社会各界的意见和建议，最后达成一致意见：把早教基础阶段（3~5 岁）往下延伸，提出了新的早教基础阶段（0~5 岁）。同年，英国的《儿童保育法案》第 39 条也论及了早教基础阶段的相关内容，并规定于 2008 年 9 月正式生效。——译者注

② 就独特性而言，所倡导的是关注每一个儿童的安全、发展、健康和幸福，应该根据儿童的需要和能力来设计幼儿教育课程及其日常活动，最大限度地满足每个儿童的需要。就和谐的人际关系而言，所倡导的幼儿与家长之间、幼儿与幼教职员之间以及家长与幼教职员之间要互相尊重，并且共同营造良好的交流氛围，以确保儿童能够安全而自信地成长。就赋能的环境而言，所倡导的是在设计活动的时候，幼儿教师应尽量避免从成人的角度去创设和利用环境，因为对于孩子而言，万事万物都是有趣的学习材料。就学习与发展这一理念而言，所倡导的是使所有处于早期基础阶段的孩子都能获得发展。——译者注

相关游说团体非常强势，对制定幼儿教育政策的主管部门影响非常大，以至于往往并不考虑幼儿教育的相关理念。对此，安杰拉·安宁评价说：

> 在英国，各类政策条文的出发点是教育的统一化、标准化以及质量的可测量化，其结果是，对幼教机构的工作人员和婴幼儿的评价仅仅停留在粗浅的数值比较的层面上。

直到21世纪，安杰拉·安宁所说的相关游说团体依然潜在地影响着幼儿教育政策的制定，而且在许多国家都有所体现，当然新西兰也不例外。

在《美人鱼演出服的诞生》这个教学故事中，朱莉老师生动地讲述了一个儿童克服学习“障碍”的基本过程。她讲的这项学习任务对萨曼莎意义非凡：先要制订计划、设计图案，接着要亲手缝制一件美人鱼演出服。按照朱莉老师的描述，萨曼莎属于那种临近“成功边缘”而坚持不懈的学习者，她在不断尝试的过程中克服了困难。显然，由朱莉老师记录的这些学习品质，对萨曼莎特别有意义（萨曼莎的家人也想了解萨曼莎在学习过程中的个人表现）。在这个故事中，朱莉老师和另外一个女孩斯蒂芬妮所扮演的是促进者形象，她们俩帮助萨曼莎增强了自信心、提升了学习能力。试问，所有这些成果能用简单的数字来评价吗？

美人鱼演出服的诞生[①]

在斯坦莫尔湾幼儿园，由孩子们自己设计心仪的美人鱼演出服已成为园内的一件盛事。在这所幼儿园内，经常会有以美人鱼为主题的精彩演出。许多有趣的演出服都是女孩们用碎布片一点点设计拼接出来的。我在课上给孩子们布置了制作美人鱼演出服的任务，而要完成任务首先要制订计划。看到干劲十足的萨曼莎，我就坐在她的身旁，和她一起设计美人鱼演出服。

萨曼莎在纸上画出美人鱼的头发、眼睛和嘴巴后，自言自语道："这只美人鱼看起来有点凶哦！"她看起来有点泄气，对我说："我没法画出美人鱼了，你可以帮我画一幅吗？"我没有答应她的请求，而是跟她聊美人鱼各个部分的画法。在我的鼓励下，她顺利画出了美人鱼的脖子和肩膀。但等到要画美人鱼的尾巴时，她无从下笔，几近放弃。我继续鼓励说："萨曼莎加油，你可以做到的！"一旁的斯蒂芬妮也鼓励说："萨曼莎，在我看来，你画的美人鱼尾巴很好看啊！"

① 本故事的记录者是朱莉。

萨曼莎受到鼓励后，画出了一幅获得班里第二名的美人鱼。看到扎里亚的画作，我对萨曼莎说：“你画的美人鱼和第一名扎里亚的作品不相上下。”受到夸奖的萨曼莎在接下来缝制美人鱼演出服的环节中动力十足。对于孩子而言，缝制工作是困难的，特别是把针穿过亮闪闪的碎布，挺不容易，但萨曼莎却乐在其中。我在一旁帮忙拉直织布，萨曼莎小心翼翼地缝制亮片。等到萨曼莎下次再来幼儿园的时候，我还会和她一起继续缝制美人鱼演出服，完成今天剩下的任务。

这里发生了怎样的学习？

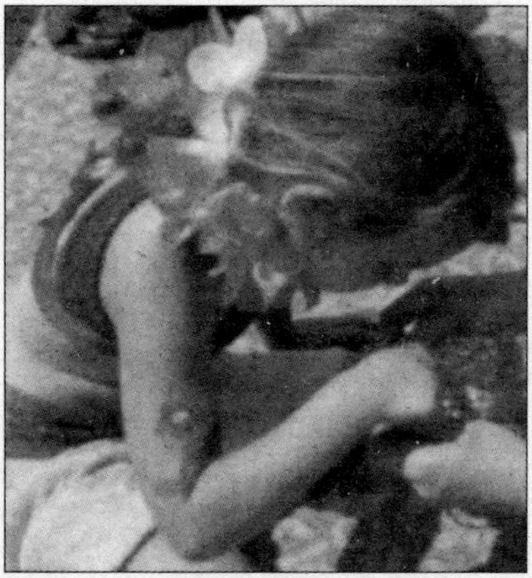

正如著作等身的教学论专家盖伊·克莱斯顿所说的那样：有时候，学习是一项冒险活动。我们成年人总会不经意间低估儿童在认识新事物过程中可能遭遇的各种困难，有些事情对于他们而言，非常不容易！其实，不论我们处在哪个年龄阶段，当我们面对困难时，都难免会打退堂鼓，甚至怀疑自己的能力。我非常欣慰的是，萨曼莎不但没有放弃绘画，而且展现出了一种坚持不懈和勇于挑战的精神。真的是太棒了！

接下来会发生什么呢？

美人鱼演出服已经制作完毕，让我们一起期待萨曼莎接下来的戏剧表演吧！

二、理想社会的前景

特法瑞奇文件在介绍布朗芬布伦纳的理论之前，以“家庭教育的发展需求”“增强文化多样性”以及“社会的快速发展”为题，介绍了新西兰出台特法瑞奇文件的社会背景。其中有一部分内容是这样的：

> 幼儿课程应保障所有儿童认同自己所属的文化，确保各民族文化的多样性得以传承保留，同时让儿童积极看待本民族文化以及其他民族的不同文化……作为世界改革的一部分，新西兰在通信、技术、工作、休闲等方面都发生了变革。这些变化和其他方面的变革都是日常生活的基本特征。为了更好地适应这些变化，儿童不仅要提高本民族的文化自信心，还要不断发展掌握新知识、新技能的学习能力。（Te Whāriki，p. 18）

联合国大会 1989 年通过的《联合国儿童权利公约》第 29 条第三款和第四款内容奠定了特法瑞奇文件的价值基础。缔约国一致认为，儿童教育的目标如下：

1. 最充分地发展儿童的个性、才智和身心能力；

2. 培养对人权和基本自由以及《联合国宪章》所载各项原则的尊重；

3. 培养对儿童的父母、儿童自身的文化认可、语言和价值观、儿童所居国家的民族价值观、其原籍国以及不同于其本国文明的尊重；

4. 培养儿童本着各国人民、族裔、民族和宗教群体以及原为土著居民之间谅解、和平、宽容、男女平等和友好的精神，在自由社会里过有责任感的生活；

5. 培养对自然环境的尊重。

詹妮弗·萨姆森等人在制定澳大利亚的《早教学习框架》(*EYLF, Early Years Learning Framework*) 时指出："课程不仅是社会价值观的反应，同时也寄托着社会的价值愿景。"他们还说：

> 课程方案的设计或是学习框架的制定，都不可避免地存在风险。例如，在制定特法瑞奇文件的过程中，新西兰幼儿教育主管部门就很敏锐地意识到了落实国家课程、推行制度化教育的负面影响，所以他们千方百计地克服可能存在的各种风险。(Carr and May, 2000)在制定《早教学习框架》的过程中，相关咨询机构也充分地考虑到了这方面的问题。(Sumsion et al., 2009, p.7)

不难发现，《早教学习框架》中的"归属、存在和成长"这些内容，与本书第二章介绍的特法瑞奇的某些特征类似。《早教学习框架》高度重视课程的融合性和开放性，有意识地促进相关知识与技能的发展，但并不做出明确具体的规定。

三、全纳教育实践：贯穿学生的全面发展

为了有效落实全纳特殊教育政策，幼儿教师与早教专业研究人员需要致力于共同构建专业化知识。在谈到这方面问题的时候，乔伊·卡伦针对"学科知识与专业技能学习在整体课程中的重要地位"

发表了看法。她认为，早教专业研究人员对全纳教育的理解陷入了一个争论不休的迷魂阵，而走出这个迷魂阵的关键在于，共同构建相关专业知识。她强调说："所谓共同建构（即本书第四章探讨的'相互联系'原则），就是要幼儿教师、早教理论工作者以及其他可能影响特殊儿童发展需求的相关人员共同协商，达成共识。"调查数据不断表明，教师在制订个人教学计划时往往会过分关注儿童技能方面的学习。对此，卡伦建议使用特法瑞奇提倡的学习故事这一叙事评价法。该方法之所以可行，是因为它符合社会文化理论，能够将技能学习和兴趣培养统一起来。关于学习故事，本书第八章将进一步介绍。基于全纳教育这一背景，卡伦对莱斯利·邓恩的研究成果进行了总结。邓恩是研究早期心理干预的心理学家。卡伦认为，学习故事运用于幼儿教育有助于促进全纳教育的发展，其主要优势如下：

1. 可以在自然学习情境中收集相关数据；

2. 可以详细描述儿童学习的整体状况，包括同伴以及保育人员所扮演的角色；

3. 从学习故事中提取出来的相关评价记录，有助于更有针对性地采取措施，促进儿童的能力发展，也有助于确认儿童究竟在哪方面遇到了困难。

卡伦认为，"社会文化理论是审视全纳教育发展前景的重要依据"。在先前的论文中，卡伦总结了儿童在全纳教育进程中的三项基本权利，这些权利反映了社会文化理论的基本原则，具体包括儿童的情感归属权利、儿童的兴趣分享权利以及儿童的个体差异性得到认同和尊重的权利。在此基础上，邓恩增加了第四项权利——所有人被平等对待的权利。作为特法瑞奇重要教育领域之一的情感归属，不仅和全面发展原则联系紧密，还和家社一体原则直接相关。

四、重要的成果：工作原理与学习品质

本书第四章介绍了特法瑞奇课程文件中学习指标的一些特征。根据该课程文件，这些学习指标具有以下三个方面的特征：（1）具有显著的描述性、指示性，而非确定性、规定性；（2）为了达到这些学习指标，每个教学环境的设计都有的放矢、有所侧重；（3）这些学习指标体现了“工作原理”与学习品质的统一性。

> 课程学习的目标是知识、技能和态度。本文件罗列的学习目标凸显其描述性、指示性作用，而非确定性、规定性作用。每个幼儿教育机构可根据实际情况有所侧重，发挥各自的办学优势。早期教育强调学习的整体性、主动性和学习过程的完整性。知识、技能和态度紧密关联，从三个维度构成了儿童的“工作原理”和学习品质。

该课程文件进一步解释：

> 在婴幼儿的早期生活中，他们会对自己、他人、不同的地点和事物形成明确而实用的工作原理。这些原理由客观知识、技能策略、个人态度与期待等构成……知识、技能和态度的统合还会形成个人的学习品质，亦可称为“思维习惯”或“学习模式”。

儿童的思维习惯或学习模式包含意向、技能以及体察能力三个方面。其中的体察能力，主要指对外部环境或机遇的应变能力——

识别环境中潜在机遇的能力。详见大卫·帕金斯等人 1993 年发表的相关论点，尤其是帕金斯 2009 年出版的《整体学习》（*Making Learning Whole*）一书。特法瑞奇文件以“好奇心”为例指出了思维习惯或学习模式的三维结构：对各类事件本身的复杂性特别感兴趣；采取不同方式对复杂事件进行提问的技能；懂得提问的最佳时机。

自特法瑞奇文件公布以来，人们对工作原理和学习品质之于个体学习的激发作用以及它们之间的关系越来越感兴趣。莎莉·彼得斯、凯林·戴维斯和海伦·海吉斯等，都曾研究过这方面的问题。本书的两位作者玛格丽特·卡尔和温蒂·李也认为，在早教过程中，儿童的学习就是在知识积累与兴趣培养之间建立适当的联系。《博物馆里的童趣对话》记录了一群儿童在新西兰蒂帕帕国家博物馆参观一场名为“200 年婚礼风尚回顾”主题展时的对话。[①] 这场展览的展品来自英国维多利亚博物馆和阿尔伯特博物馆。孩子们讨论了婚纱、王子，还讨论了婚礼惊人可怕的一面。同时，他们也对自己在博物馆里的所见所闻进行了描绘和重构，这些活动有利于儿童学习幼儿园中的相关书本知识——将抽象与具体很好地联系起来。[②]

---

① 新西兰蒂帕帕国家博物馆的前身是殖民博物馆，坐落于首都惠灵顿。目前，该博物馆藏品主要以新西兰传统文化为主。——译者注

② 温格认为，具体化指的是一个从认知到具体物体的转变过程。在这一过程中，该物体是一个持久性的存在，并且经得起大家的反复审查和讨论。他认为，课程文件是一个很好的范例。——译者注

博物馆里的童趣对话[①]

迪伦、马迪巴和Y三人在一件黑色绣花丝质婚纱前驻足讨论。

Y:“这件婚纱闪闪发亮，真漂亮。不可思议，它简直就是一件珍宝。这件礼服的黑色裙摆为什么那么大？哦，是为了放更多的装饰品啊！”。（几个孩子在描述眼前的展品，右图就是马迪巴的速描作品）

马迪巴问道:“她们为什么要戴头纱？是为了衬托公主的美丽吗？”

迪伦指着一件男式礼服说:“我当花童时也穿过和这件款式相同的衣服，只是那件衣服是黑色的，而且没有那么多装饰。”

马迪巴补充说:“这种礼服叫‘无尾礼服’。”

迪伦建议:“我们可以画下这些礼服的样子，等回幼儿园的时候，我们可以将画下的礼服作品集成一本书，怎么样？”

接着，玛唐伊老师、本、迪伦和马迪巴一起观看英国查尔斯王子与戴安娜王妃的婚礼视频。在这场世纪婚礼上，查

① 本故事的记录者是迈昂吉和贝茨。

尔斯王子身披一条宽大的蓝色肩带，腰间别着一把宝剑。

马迪巴问道："这个穿蓝色衣服的人是谁呀？"

迪伦说："是首长吧？"

玛唐伊老师纠正说："你的意思是指王子吗？是指查尔斯王子吗？"

过一会儿，又有人问为什么查尔斯王子要佩带宝剑。

本解释说："有时候，婚礼上会有坏人出现的。"

就其比较宽泛的意义而言，还可以用"实践本领"这个术语来指代儿童的学习成果。克里斯·古帖雷斯和芭芭拉·罗高福曾经记录过一个高中生活动项目。这些来自农场工人家庭的高中生在加利福尼亚大学接受了为期四周的夏日集训，集训项目"课程内容丰富，学习以密集性的社会文化活动为主"：

> 简言之，一般意义上的发展指的是受教育者朝着好的方向的纵向转变，如从不成熟、不胜任转变到成熟和胜任……在更广泛的意义上，发展还可指个体实践能力在横向水平上的改变……我相信"实践本领"涉及横向和纵向两个层面的变化。这一变化发展不仅包括在学校正规课程中学到的东西，还包括参与一系列校外实践获得的成长。

"实践本领"的发展包括知识的增长以及学习品质的提升，也与园外社会实践活动有关。关于儿童实践本领的发展问题，弗兰老师进行过点评：

在我们早教中心，为了实现儿童的全面发展，一种非常特别的方法就是将循环利用和可持续发展的思想融入到教学项目中去。从这个意义上讲，我们的早教中心也是一个循环利用中心，儿童及其家庭能够为该中心提供各种可循环利用的材料。针对这些材料的各种探索性活动以及教师为儿童的研究性学习所提供的各种支持，共同营造了一种良好的学习氛围。这种具有良好学习氛围的环境，不仅有利于儿童掌握各种技能，还能促进儿童对现实世界的理解和感知。

五、案例研究：崴兹塘幼儿园

（一）背景

崴兹塘幼儿园也是新西兰的五大学前教育创新中心之一。本书第四章至第七章对这些创新中心的相关实践进行了案例研究。在2006年至2009年期间，崴兹塘幼儿园被选定为学前教育创新中心。该幼儿园位于新西兰首都惠灵顿郊区的崴兹塘山上。大多数入园儿童为欧裔移民且家庭经济条件比较优越，有些儿童来自英国，有些儿童来自毛利族、纽埃族以及印第安族。幼儿园实行分段会期制，有30名4周岁儿童，每周共计5个上午入园学习的时间；有30名3周岁儿童，每周共计3个下午入园学习的时间。当崴兹塘幼儿园被选为学前教育创新中心时，它们聘用了2名正式注册且拥有职业资格的教师，外加1名受雇协助开展下午教学工作的助教。刚过了一年后，崴兹塘幼儿园又招聘了一位正式注册且拥有职业资格的教师。

崴兹塘幼儿园的研究重点是多元读写模式——探讨这些模式对儿童沟通能力和意义建构能力的影响。就“读写能力”这一概念而言，教师们采用了一种比较宽泛的定义方法，相关模式包括沟通模式、概念模式以及定义模式。下面的综合课程教学案例出自《崴兹塘幼儿园简介》（Mitchell et al.，2009）和《崴兹塘幼儿园课题结题报告》。

（二）健康幸福：奶奶的参与

崴兹塘幼儿园的教师都有自己的反思记录，其中伊维特老师的记录是这样的：

> 为了帮助刚入学的杰奎琳尽早适应幼儿园的学习生活，奶奶贝蒂每天陪孙女入园学习。贝蒂特别喜欢制作一些手工艺品，平时会参与当地教会的儿童教育项目，帮忙做一些力所能及的事情。贝蒂提议，她可以从家里带一些手工艺品到幼儿园来，教孩子们学习制作，这样的话，她不仅可以陪伴杰奎琳，还可以前前后后协助老师开展教学……几周过去后，我们发现，因为有奶奶的陪伴，杰奎琳在幼儿园找到了安全感，同时，其他小朋友也很喜欢和贝蒂待在一起……贝蒂在制作手工艺品时总能吸引孩子们的兴趣，就拿上次的“丛林”主题活动来说吧，她就和孩子们一起做了一个动物面具。

（三）探索意识：意义建构的多种模式

就绘画、写作、制图等不同的意义建构模式而言，它们之间相互关联、相辅相成，共同构成了儿童的读写能力。只有从比较宽泛的意义上来理解儿童的读写能力，才有可能承认不同儿童的发展多样性，才不至于忽视那些具有个人独特优势的少数儿童。借助母亲传授的“思想泡泡”绘图法，米洛便能够从更多的维度审视各种读写技能和相关作品。利用这种绘图法，实际作品便会体现出不同读写模式的综合性特征。苏珊·莱特将这些特征视为儿童在表达方式上的多样性、多元性。当米洛将绘画和写作结合在一起的时候，意义建构的模式就得到了进一步的优化。苏珊·莱特指出，很多幼儿都会将绘画和写作结合在一起使用。米洛经常将自己的名字写在图画中人物的上方，以此表达一种自我认同。

（四）情感归属：项目教学法

崴兹塘幼儿园鼓励使用项目教学法，但这些项目一定要出自儿童一直感兴趣的活动，一定要自觉地将特法瑞奇文件中的五大领域联系起来，真正做到有的放矢。事实上，在各种不同的情境中，成人都希望能够为儿童提供机会，以便他们能够专心致志于自己感兴趣的活动。正因为如此，特法瑞奇的四大原则和五大领域才能够很好地结合起来，才能够从更为宽泛的意义上理解儿童读写能力的内涵，进而利用多种意义建构模式促进儿童各方面能力的发展。

（五）奉献精神：儿童、教师和家庭齐心协力

对于崴兹塘幼儿园园内一面墙上悬挂的编织席的隐喻之意，该幼儿园的研究团队做了如下解释：

> 我们对多元读写能力的重视和期待，有助于激发我们这样一个学习共同体在落实特法瑞奇文件过程中的积极性和主动性。五大领域和四大原则纵横交错……非常形象地体现了儿童读写能力发展的多样性。这五大领域（情感归属、健康幸福、探索意识、交流能力、奉献精神）将儿童、教师、

家庭等不同层面的贡献有机地整合到了一起。从纵向的五大领域来看，相关读写能力运用得越多，对其他相关领域能力发展的促进作用就越广泛。（Simonsen et al.，2010，p.2）

在崴兹塘幼儿园开展的各项改革中，特别值得关注的是，注重引导家长参与到儿童的学习和发展中去，请他们讲述孩子的成长故事。以往，这些专业性很强的工作主要是由专任教师承担的，现在已经发生了改变，尽管还有固定的教师负责了解孩子的成长情况，但主要是以更加开放的心态向孩子的父母及其家庭学习，从而获得相关教育经验和独特的教育智慧。

（六）交流能力：大受欢迎的列表法

书写作为一种记忆辅助手段，具有永久性和实用性的优点，因而在崴兹塘幼儿园大受欢迎，大家最常用的就是列表法——教师经常使用列表法进行活动排序。例如，可以用列表法安排儿童轮流使用红蓝两种自行车的顺序。对于这种习惯做法，一个叫雨果的孩子提议，老师可以用红笔写“红”字，用蓝笔写“蓝”字，与所安排的自行车对应，这样做的话，就可以帮助大家弄清楚各自骑车的整体顺序。雨果能够提出这个主意，说明他懂得同时使用色彩和文字作为不同的识别标志，以便更好地对两种东西进行区分。另一个叫伊丽莎白的小朋友建议，老师在点名的时候，每点过一个同学的名字，就划掉他的名字，避免人多发生混淆。这种类似于图示法的信息传递效果，要比纯粹的文字书写的效果好，因为它能够发挥空间、视觉、文字的协同沟通功能。正如凯里·杰维特和冈瑟·克雷斯指出的那样，交流的形式多种多样，而不仅限于书面文字上的表达。

《哈里森学习伸展肢体》讲述了男婴哈里森感知周边事物的日常表现，这个故事并非出自崴兹塘幼儿园。戈普尼克认为，婴儿的知觉酷似灯笼，具有漫射性特点，注意的对象具有整体性特点，而成年人的知觉则像聚光灯，随时可以将注意力集中在特定的事物上。

哈里森学习伸展肢体[1]

今天，我又到育婴房来观察、记录哈里森这位小朋友。哈里森睡在地毯上。这几周来，我每次来都会先向他打招呼，他也会慢慢转过头来，看着我微笑。哈里森要么躺在琳内特的怀里，要么就是躺在婴儿车里准备回家。今天，我试着把他放在房间里干净的毯子上，我坐在他身旁。为了让他感到有人陪伴，拉凯也站在边上，为他冲奶粉。这是多么开心呀！哈里森平静地看着我，眼里露出信任与好奇。当我拿起相机准备拍下这一幕时，他的眼睛一眨也不眨，很配合似的看过来。令人惊奇的是，哈里森一遍又一遍地弯曲和伸展自己的手脚。就哈里森这种动作本身而言，好像是在表达他内心的好奇与快乐。

① 本故事的记录者是凯特。

这里发生了怎样的学习？

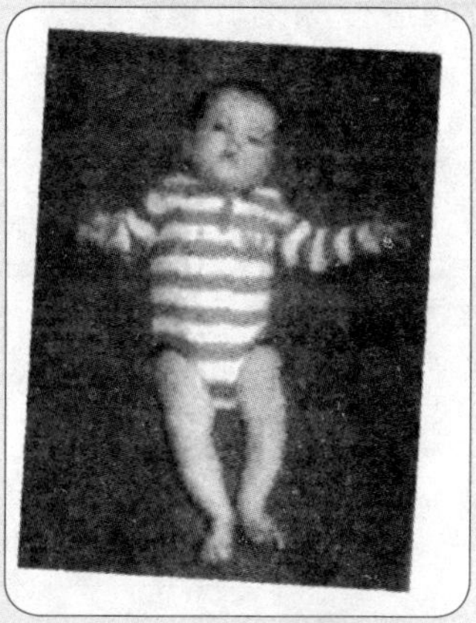

哈里森，你躺在稳固的地毯上，你的身体可以伸展自如，同时，你也能直接感受周围正在发生的事情——你看到了一张新面孔出现在你的上方，你能听见房间里熟悉的说话声。对你而言，这一切都是那么鲜活、真实！美国加州大学伯克利分校的心理学家戈普尼克探讨过婴儿的“灯笼知觉”——5 岁以下的婴幼儿的知觉酷似灯笼，就注意力的发展水平而言，尚不能对周围环境进行过滤，因而无法聚焦在固定的区域。所以，哈里森，当你伸展自己的身体时，你的感受是全方位的，你会利用自己的视觉、听觉、触觉和嗅觉来接纳外部信息，包括感受衣服、毯子的质地和面料，你还要向不太熟悉的人致意示好。显然，这一切都不容易，所以，哈里森，你马上就要好好睡一觉了。

哈里森，我十分享受和你在一起的时光，是你带领我走进了快乐的世界并有了新的发现，期待再次与你相遇。

六、与全面发展原则相关的指标示例

表 5.1 为读者列举了全面发展原则在情感归属、健康幸福、探索意识、交流能力、奉献精神五大领域中的学习指标。读者由此可以看出，这五大领域并不是相互分割的。读者在看到各领域的相关指标之后，可能会有自己的新见解，甚至会想增加新内容。特法瑞

奇文件的这种指标编排方式，有助于对幼儿学习的意义和教师教学的目的进行深刻反思，有助于对不同情境中的教育教学活动进行反复讨论和论证。

表 5.1　全面发展原则在五大领域中的学习指标

课程目标	学习指标 / 儿童发展
情感归属	清楚园内、园外发生的各类事件与个人经验之间的关联
	在幼儿园内有归属感，并享受归属的基本权利
	具有在不同情境中承担不同角色的能力
	明白本园的规矩，并知道本园与其他园规矩的区别在哪里
健康幸福	有个人价值感，明白个人价值并非取决于今日的行为和能力
	能够觉察到自己和他人的情绪变化
探索意识	敢于利用各种各样的方法去认识世界和改造世界
	有意成为合格、自信的学习者，有意成为各种难题的“探索者”
	有能力探询、探索、研究和创造，有能力完善与自然、社会、自我、物质世界打交道的基本方式
交流能力	熟知本族文化中最有价值的经典文献和故事传说
	有编写故事和图案设计的经历
	在探索、观察那些有意义、有目的的涂写活动中学会涂写
	通过扮演、木工制作、讲故事、戏剧表演以及音乐创作等多种多样的活动形成创新能力和表达能力
奉献精神	初具欣赏多元和公平的价值观念
	具有多方面的兴趣与能力，如空间感知、视觉欣赏、语言表达、肢体动作、逻辑运算、自我意识以及社会交往等
	热爱各种对集体和集体福祉有益的活动

本章要点

1. 特法瑞奇文件对全面发展原则的描述是“早教课程应体现儿童学习与成长的各种路径”，以下几点对促进儿童的全面发展非常重要：

（1）对儿童有意义的各种任务、活动和情境；

（2）参与各种探索性活动和自主性游戏的机会；

（3）与各个方面保持稳定、友好的关系；

（4）从文化、社会和个体等方面关心儿童的精神生活状况；

（5）充分认识先辈对儿童自我认知的重要影响。

2. 现实中，儿童观对幼儿教育的影响力非常大。儿童可能被视为依赖者、学习者，也可能被视为社会公民。这些儿童观不仅会影响到相关政策的制定，还会影响到平时教育方法的选择。

3. 对社会发展前景的期待，也会对早教环境产生重要影响。

4. 全纳教育实践能够为儿童的全面发展提供良好的环境。

5. 特法瑞奇课程文件的总体价值追求是儿童的工作原理和学习品质。

思考题

1. 当你将儿童视为学习者的时候，你会想些什么？这种儿童观会对你的教学产生哪些影响？

2. 当你将儿童视为社会公民的时候，你会想些什么？这种儿童观会对你的教学产生哪些影响？

3. 重读《哈里森学习伸展肢体》，说说这个故事中蕴含怎样的儿童观。

4. 结合本章案例，谈谈你对早教中心的总体认识：

（1）针对相同的主题内容、兴趣爱好，如果采用不同的意义建构模式，会有什么样的结果？

（2）分享一些你认为比较成功的早教项目。

（3）家庭能为各类早教项目提供帮助吗？

（4）这里可以习得哪些方面的读写能力？

（5）这里能提供哪些开展集体活动的机会？

5. 在阅读“重要的成果：工作原理与学习品质”这部分时，哪些内容对你有所触动？对你有何启发？

6. 重读《美人鱼演出服的诞生》，说说这个故事中的哪些内容特别吸引你。

7. 重读《博物馆里的童趣对话》，说说这个故事中有哪些工作原理和学习品质？参照这个学习故事，跟大家分享一下你记忆中的类似对话，说说这些对话是怎么展开的。

第六章　原则之三：教育赋权

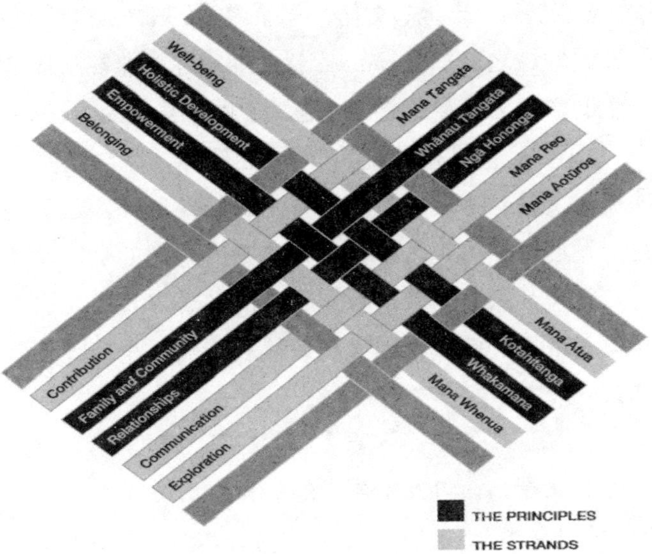

> 我们不仅相信儿童能够积极主动地做出自己的决定，还会创造条件鼓励他们参与到一些决策活动中去。在这类活动中，领导力极其关键，因此，在一些关键问题上，我们会鼓励儿童向那些特别有才能的人请教。这不仅会让儿童有一种被赋权的感觉，还能让他们意识到这种学习方式和独特思维的重要价值。（Teacher reflection，Fran）

在特法瑞奇文件中，毛利语 Whakamana 所表达的是“赋权”“赋能”之意。该文件在表述五大领域时，对应的毛利语都有前缀mana：在英文“健康幸福”前加了mana atua，在英文“情感归属”前加了mana whenua，在英文“探索意识”前加了mana aotūroa，在英文“沟通能力”前加了mana reo，在英文“奉献精神”前加了mana tangata。在毛利文化中，mana代表着一种神力（超自然的力量），它主宰着精神、土地、文化、语言，以及阳光、自然和人群等。在英文的五大领域之前加上mana，意在期望儿童能够从诸多方面获得维持一生的学习力。需要说明的是，将毛利语mana atua译为“健康幸福”，并不一定能完全体现其“神灵、敬神以及精神世界”之意。

特法瑞奇文件对“赋权”的解释是“幼儿课程应赋予儿童自主学习和自由发展的权力”。教育赋权原则所强调的是，幼儿教育机构应帮助儿童及其家庭“获得独立生活的必要资源”。这在一定程度上也和第五章提到的联合国《儿童权利公约》相互呼应。课程文件中有这么一段文字：

> 为了儿童的学习、发展和潜能开发，必须尊重、珍视他们的个体差异性，必须维护儿童的自尊，必须提供公平参与的机会，必须禁止体罚或精神上、情感上的虐待，确保他们有休闲、娱乐的机会。

在特法瑞奇文件中，赋权原则与主体地位和身份认同这两个概念息息相关。在有些教育文件中，会将赋权思想表述为“自我管理”。就其标志性来看，“自我管理”更侧重于儿童的个性和心理需要。相比之下，“主体地位”则与具体的教育情境有关。儿童经常被定位为或设想为特殊情境中的主体，他们自己也会逐渐认识和理解这一身份，并将其迁移到其他情境中去：担任领导角色或承担具体责任。在课堂或早教环境中，这种现象极其普遍：在学习的过程中，儿童不但会自主设计项目、自主选择活动，还经常会开展一些集体性活动，一起玩耍、一起交流。至于具体情况，肯定会因时空背景的变化而有所不同。正因为特法瑞奇课程具有共享互惠这一愿景，所以即使儿童有自主管理的能力，但依然期待他们能够尊重别人的主体地位和特殊才能，正如本章开头那段引言所表达的思想一样。

一、创设赋权的教育环境

早在2002年的时候，盖伊·克莱斯顿教授就在《培养学习能力：帮助年轻人成为更好的学习者》一书中探讨过赋权儿童的教育环境。[①] 这本书为教师们提供了许多培养“学习能力”的策略。20世纪90年代期间，芝加哥大学的米哈里·契克森米哈教授和他的学生对包括14位诺贝尔奖获得者在内的91名社会杰出人士进行过录像访谈。[②] 这些受访者都对创新非常感兴趣。契克森米哈教授（1996）指出：“虽然这些受访者并非个个都天赋异禀，但他们似乎都在很小的时候就对周围的世界产生了探索和发现的志趣。”他由此总结

① 盖伊·克莱斯顿是英国认知科学家，因研究无意识认知和创造力而著名。他的著作有《兔脑龟心》《终身学习的挑战》《恣意的心智》《学校有什么用？》。他提出了学习力构建的四个要素，即通过四种行为所表现出来的四种力量“4R”：顺应 / 顺应力、策应 / 策应力、反省 / 反省力、互惠 / 互惠力。——译者注

② 米哈里·契克森米哈是美国匈牙利籍心理学家，任职于克莱蒙研究大学。他是前任芝加哥大学心理系和森林湖学院社会人类系主任。他提出了“涌流”这一概念，在建立积极心理学这门学问的过程中做出了重要贡献。他的心理学著作有《涌流：最优体验之心理学》《进化的自我：第三个千年的心理学》《创造性》。——译者注

出这些人的童年生活质量对他们日后创新的重要影响：

> 富有创造力的人生是有规律可循的，是有其决定性因素的，这种决定性因素就是早年形成的一种坚持不懈的定力——这种坚持不懈的定力其实就是对成功的一种执着，是改造世界、创造世界的一种意念，是千方百计揭示未知世界奥秘的一种好奇心……至于坚持不懈的精神和永不泯灭的好奇心来自何处？也许，反反复复去还原、解答这个问题，并没有什么意义……重要的不是知道这种力量的具体来源，而是要不断地发现兴趣、激发兴趣、呵护兴趣，进而创造机会，成就富有创造性的人生。[①]

学校经常会让儿童独自面对和协调“教育过程中出现的两难问题。在解决这类基本难题的过程中，不仅要让儿童认识社会、适应社会，遵守社会秩序，还要赋予他们改变当前秩序的基本条件”。（Kramsch，1993，p.236）在第四章中，格林顿早教中心设计儿童户外活动区的目的正在于此。在艾莉森·克拉克和彼得·莫斯合著的《倾听幼童：马赛克方法》（*Listening to Young Children*：*The Mosaic Approach*）一书中，提供了用于日托机构、学前机构、儿童中心的幼童以及残疾幼童的“马赛克研究法”，其中有一系列相关

① 这段文字选自卡尔和李针对主体与对话的一些看法。

主题的咨询案例。[①]在安·史密斯等人主编的《儿童的声音：政策与实践研究》（*Children's Voices: Research Policy and Practice*）一书中，也有许多相关案例。

《谁是捣蛋鬼》是发生在马纳塔玛瑞奇语言巢的一个故事，讲述的是倾听儿童的教育案例。马纳塔玛瑞奇语言巢发明了一种记录儿童学习故事的方法。瑞尔详细记录了孩子们发现幼儿园窗户被肇事者破坏后的对话。从对话的内容可以看出，孩子们不仅对破坏公物的行为表示愤怒，还会从"毛利文化及其价值体系"出发讨论这种行为的恶劣之处。孩子们不只是讨论破坏者，还谈到了门口嵌板上的祖先和神灵。他们认为，破坏他人财产是对社区居民和建筑的大不敬。

谁是捣蛋鬼[②]

当我们周一回到语言巢时，发现幼儿园被一些淘气鬼折腾得一片狼藉。这是多么可耻的行径啊！

---

① "马赛克研究法"是克拉克和莫斯在2001年做的一项"倾听幼童对早期教育机构的看法"的探索性研究中提出的一种倾听5岁以下幼童的具体框架。该研究聚焦于两个群体，幼儿园3~4岁的儿童和托儿所2岁以下的儿童，目的是在倾听儿童对早期教育机构的看法的基础上改进早期教育服务。为了避免成人误解儿童的意思，课题组不仅使用了传统研究方法（如观察、访谈），还使用了"参与式工具"，如让幼童拍照、绘图、角色扮演等。之所以称其为"马赛克研究法"，是因为该方法通过使用多种研究工具来获得儿童的经验或看法，每一种工具获取的信息都形成了一片"马赛克"，将它们放一起，就构成了有关儿童及其看法与经验的完整图画，同时也形成了一个基于儿童视角对相关事物展开对话、反思和解释的基础。——译者注

② 本故事的记录者是瑞尔。

落地窗户被一块石头砸碎了。你们也都看到了，这真是一块大石头啊！

“呜！呜！呜！”你们当中有些人发出了感叹。阿塔海亚愤怒地谴责：“天哪，这些混蛋！”这句话也表达了我当时的心声。大家在盛怒之下的第一反应是揪出这些罪魁祸首，狠狠地惩罚他们！但是，你们接下来的那番对话特别令人佩服，它们体现了毛利人的价值观念和文化追求。

阿塔海亚，你当时问我：“爸爸妈妈把我们送到幼儿园来，幼儿园的老师每天把我们照顾得好好的，难道我们不应该爱护这里的建筑物吗？”

对此，你的好朋友劳库拉非常认同，没等我开口，就接着说：“是呀！我们一直爱护这里的建筑物，不是吗？”

我问你们俩：“我们为什么要爱护建筑物呢？”

这时，奥玛兰吉答道：“因为我们住的房子是有神灵的，如果我们伤害他的话，他会伤心的。”

马塔伊跟着说：“我们也会难过的。”

我接着问大家：“神灵在哪里？他是谁？”

奥玛兰吉答道：“他就是我们的祖先，他在四周的墙上。”

对于你们的相关思考，我甚感欣慰。我看到了你们身上的主人翁精神。我坐在那里，聆听你们的对话，感佩你们的认知能力以及你们对周围环境的赤子之心。

你们讨论的问题有爱护公物、关爱他人以及破坏公物造成的不良后果，等等。你们对于祖先、神灵的各种思考，令我折服。

当然，我们十分感激那天前来维修的工作人员。

在温蒂·李和玛格丽特·卡尔参与开展的一项早教研究中，调查了特法瑞奇文件在早教中心的实施情况，主要是想了解一些儿童在早教中心的学习状况——鼓励他们用个性化的手段表达自己对自主学习项目的总体看法。观察发现：

在这些研究案例中，当有意放手让这些孩子充当小老师去自主学习的时候，他们有如下表现：积极尝试、乐在其中，认真扮演“成年人”角色；不论是充当优秀读者、优秀作家，还是扮演足球运动员、司机或艺术家，孩子们都能够“锁定”学习，全身心投入，兴致勃勃地参与各项活动；积极交换意见，充满兴趣和热情；自觉平衡愿望和目标之间的关系；承担各项任务，扮演好自己的教师角色。

在探讨如何引领儿童从事创新活动的时候，我们从教学设计的角度强调了以下四个方面：

1. 为了合作性活动的顺利开展，早教机构会为儿童创造机会，以便他们学会交往，建立起良好的同伴关系。

2. 为儿童的个人活动、集体活动或复杂的戏剧表演活动提供场地、时间和物质方面的支持。

3. 儿童跟教师建立起良好的交往关系，教师主动了解学生及其家庭背景，以便激发兴趣，让他们自觉地参与到教育过程中来。

4. 教师承认每名儿童都是有才能、有担当的学习者。

从已有实践和相关经验来看，主体地位以及教育赋权的关键在于平衡：民主协商、共同管理，调节能力与责任之间的关系，把握自主与合作之间的分寸。

二、案例研究：马纳塔玛瑞奇语言巢

（一）背景

1989 年末，在国家毛利语管委会的观照下，受马纳塔玛瑞奇语言促进会的资助，新西兰的语言巢数量增长较快。此时的语言巢主要招收 0 ～ 5 岁的儿童。1995 年，国内创建了一所面向五到十七八岁的青少年，以浸入式毛利语教学为主的马纳塔玛瑞奇学校。该校的教育年限延长到了 16 岁以上，这更有利于加强儿童、家庭和教师的联系，也使语言巢和学校之间的衔接、合作更为紧密。语言巢的主要教育目标是复兴毛利人语言和毛利族习俗。

（二）奉献精神：热情、好客、慷慨、互惠的毛利族习俗

对毛利人而言，奉献精神应落实在良好的人际关系上，如责任担当、互惠互利、互相尊重以及热情待客等。毛利语“manaaki”是热情待客、关心他人的意思，“whakawhanaungatanga”是重视家族亲情的意思，两者是奉献精神的要义所在。众所周知，2011 年 2 月，新西兰南岛基督城发生了 6.3 级地震。这次地震极其强烈，

造成了非常严重的灾难，在新西兰历史上排到了第二位，有185人死亡，无数人受伤。震后第二天，马纳塔玛瑞奇语言巢迅速集合园内全体儿童，告知大家这个噩耗。老师从毛利人的传统信仰以及地震发生的自然科学原理两方面解释了这场悲剧的整体情况。到那个月末的时候，关于如何救助地震受难人员这个问题，学校广泛征求了孩子们的意见，最后大家决定在市中心开演唱会，进行爱心募捐。在整个活动过程中，所筹资金均由孩子们集体保管，并亲手交到代收捐款的当地银行。

（三）健康幸福：血缘、精神纽带与认祖归宗

在毛利人看来，儿童是毛利人生生不息、代代相传的纽带。一些深谙毛利族谱的老人，对于毛利人的历史脉络，能够娓娓道来，上至毛利创世说中的原始双亲、众神灵，下到他们的部落祖先和家庭成员。毛利人相信，所有儿童都赋有神性，都是神灵的化身，因此培养儿童与生俱来的精神灵性至关重要。马纳塔玛瑞奇语言巢特别注重传承土著毛利人的精神信仰，它们自觉地将毛利人的精神信仰落实到具体的教学活动中，以便让儿童更好地传承毛利人祖祖辈辈信奉的世界观。有些老师教儿童背诵饭前祷告词，祷告内容包括直接说出食物的名称、感恩所得、感谢大地之神赐予食物。还有一种祈祷是放在一天开始或结束之际，这时大家聚在一起，由一名儿童带头背诵象征所属部落身份的声明，并在吟唱声中庆祝新的一天开始，或欢送一天的顺利结束。

（四）交流能力：保护、传承毛利语

如果儿童不懂毛利语，不论他们参加多少家族或部落活动，也不论参加活动的积极性有多高，他们对毛利文化的理解都不可

能很深，相关活动的实际参与度也不可能很高。毛利语是全面认识毛利文化和毛利人世界观的关键。当然，除了这些，儿童学习语言的兴趣、愿望也有利于传承各自部落的文化和方言。马纳塔玛瑞奇语言巢是一个严格实施毛利语浸入式教学的教育机构，这里的所有教师都会讲毛利语。在日常生活中，至少要有一名家庭成员负责对他们的孩子讲毛利语，这种规定有利于在语言巢之外营造学习毛利语的浓厚气氛。近几十年来，随着毛利语的日渐衰落，马纳塔玛瑞奇语言巢与大多数毛利语学校一样，也缺乏正宗的毛利语老师，而就那些会讲毛利语的父母而言，他们小时候学习的第一语言也不是毛利语。因此，这些儿童在跟成年人学习说毛利语的过程中，常常会后来者居上。在语言巢这种学习环境中，不论是成年人还是儿童，都是毛利语的学习者。在马纳塔玛瑞奇教师们记录的学习故事中，经常可以看到，儿童使用的毛利语语法结构，有时比老师使用的语法结构还要高级、复杂。这种情形确实可喜可贺，教学效果确实令人欣慰，但毫无疑问，这也对教师的毛利语水平提出了挑战。

（五）探索意识：人与地的关系

探索意识与儿童在世界中的地理位置有关。毛利人认为，人与地的关系，人与人的关系，两者同等重要。为了培养探索意识，特别理想的教育情境是儿童能够勘察自己与周围场地之间的关系，能够对身边那些熟悉和不熟悉的东西进行辨识。对于儿童而言，这些勘察与辨识活动不仅需要积极合作的团队意识，同时要求成人花费一定的时间、提供一定的空间，确保相关活动的实质性意义。在儿童与不同场地建立联系的过程中，他们对自我的认识水平会不断提高，对自己所处的实际位置会更加清晰。在创新实践的过程中，马纳塔玛瑞奇的蔬菜园成了孩子们实地调查的好去处。儿童在种植各种蔬菜、观察蔬菜生长的过程中，更加科学地认识了他们的身体机能。儿童从老师那里学到的菜园耕作方法，正是毛利人世世代代使用的耕作方法。也正因为老师们传授了这些与现代科技融通的古老方法，儿童对毛利人的价值观念和相关实践的认识才更为深入，他们与菜园之间的情感才更为牢固。

（六）情感归属：儿童在家庭、家族和部落中的位置

在本质上，归属感是儿童与周围人、地、物、事之间的相互关系。在毛利人看来，以上这些关系，特别是人际关系、人地关系，具有时间上的连贯性，可以持续几十年、几百年，甚至更为久远。这是因为，每个儿童都有自己的祖先，都能在家庭、家族和部落谱系中找到自己的位置。儿童会将他们与家庭、家族、部落之间的各种联系铭记于心，他们也因此不会被自己的家庭、家族、部落所遗弃。就家庭对于孩子的期望而言，在夫妻怀孕之前，就已经安排好了。每个家庭都积极参与部落的事务管理，即使背井离乡，也会尽量保持血缘和地缘上的联系。这些参与活动的重要价值在于，确保每个人都能与各自的部落保持一定的联系。这也是每个人寻根问祖、自我认同的重要手段。马纳塔玛瑞奇语言巢会为每一名新生举办欢迎仪式，以便拉近儿童、家庭和语言巢之间的距离。在这个过程中，儿童会逐渐产生一种归属感。在这种传统的欢迎典礼上，新生能感受到自己是受欢迎的人。新生的所有家人都会受邀参加典礼，整个典礼都会记录在马纳塔玛瑞奇的学习故事中。

2008 年，马纳塔玛瑞奇语言巢被选为新西兰早教创新中心。

三、与教育赋权原则相关的指标示例

表 6.1 为读者列举了教育赋权原则在情感归属、健康幸福、探索意识、交流能力、奉献精神五大领域中的学习指标。为了更好地联系马纳塔玛瑞奇语言巢，特别增设了“毛利文化视角下的发展指标”一栏。

表 6.1　教育赋权原则在五大领域中的学习指标

课程目标	学习指标 / 儿童发展	毛利文化视角下的发展指标
情感归属	思想创新、行动创新能力提高；个人的专业兴趣、专业技能以及独立决断能力增强	儿童身为毛利人的自我认同感增强，对自己部落出身、部落习俗、部落领地的认识更加明确，关系更加亲密。儿童出生后剪掉的脐带和留下的胎盘，通常会埋在所属部落指定的地方。毛利人相信，这样做可以守护儿童与祖先之间的血缘亲情
健康幸福	提高自我价值感、身份认同感，提升自信心，拥有愉悦的心情；了解自己的学习习惯和创新方式；独立判断和自主行动能力增强	儿童能够体会到身为毛利人的沉静、平和、热爱、怜悯、悲伤以及喜悦之情。懂得热情好客、关爱他人的重要性。这些传统美德教育有利于提高儿童的自信心
探索意识	学会运用适当且实用的方法探究自己想要了解的东西；挖掘自主判断、自主选择以及发现问题的能力；对自己的学习负责，成为自信且优秀的“探索者”——适时发问并有所发现	全面认识毛利人的精神信仰，深入理解各种事物之间的精神关联。在此基础上，自觉地与周围的人、地、物等开展互动交流

续表

课程目标	学习指标 / 儿童发展	毛利文化视角下的发展指标
交流能力	增强思想交流、信息传递以及问题解决的实效；提高各种活动的创新和表达能力	通过学习毛利语，进一步了解毛利人的历史、现状与未来。充分认识毛利语的重要性
奉献精神	逐步学会对自己的学习和身体负责；贡献个人所长，分享自己感兴趣的东西	大家庭对于儿童奉献精神的培养至关重要。儿童会更加深入地理解各种血缘关系以及毛利传说中的主要人物，体会到血浓于水的骨肉之情。这有利于培养儿童的奉献精神，让儿童懂得与周围的人、地、物等友好相处

本章要点

1. 特法瑞奇文件对教育赋权原则的解释是“幼儿课程应赋予儿童自主学习和自由发展的权力”。

2. 为了达到真正赋权的目的，教学设计强调以下四个方面：

（1）为儿童提供与他人进行合作的机会；

（2）为儿童开展复杂的表演活动提供场地、时间和物质方面的支持；

（3）建立良好的师生关系，尽可能地了解学生的需要及其家庭背景；

（4）承认每个儿童都是有才能、负责任的学习者。

3. 儿童经常被定位为或设想为特殊情境中的主体，他们自己也会逐渐认识和理解这一身份，并将其迁移到其他情境中去：担任领导角色或承担具体责任。特法瑞奇课程文件所强调的是，即使儿童有自主管理的能力，但依然期待他们能够尊重别人的主体地位，懂得互相关心、互相爱护。

思考题

1. 本章关于儿童作为领导者的哪些内容对你产生了影响？引发了你哪方面的新思考？

2. 重读《谁是捣蛋鬼》，说说你对故事中的哪些内容感兴趣。你能够提供激励孩子们表达个人想法的不同策略吗？

3. 结合马纳塔玛瑞奇语言巢的相关做法，思考以下问题：

（1）该语言巢有没有为培养个体责任感以及互应互惠、互相尊重、热情友好的园本文化提供机会？

（2）该语言巢有没有充分认识到家庭文化的优先性？哪些常规活动能反映互相尊重、热情友好的园本文化？

（3）儿童的母语、方言有没有得到幼儿园的充分认可？它们的地位如何？

（4）新生入学的时候，该语言巢有哪些欢迎学生的仪式？这些仪式是如何建立家校人际关系并将其维持下去的？

（5）该语言巢有没有为儿童提供集体合作的学习机会？

第七章　原则之四：家社一体

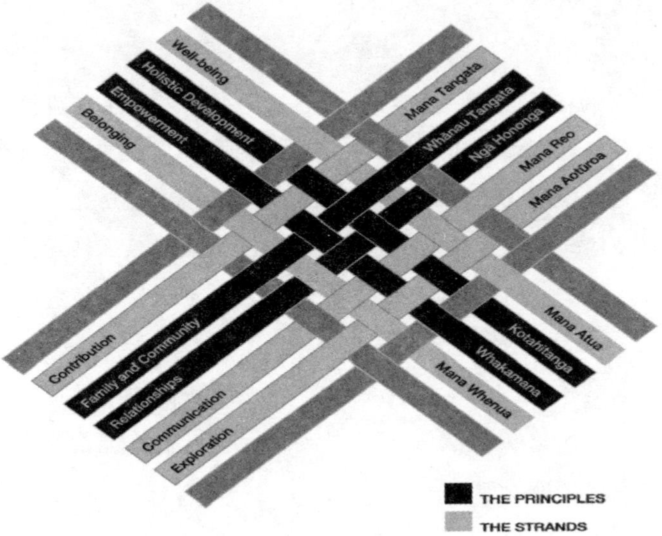

在过去的几年里，我们中心教育生活的重要特色，可以用一句北岛地区关于“编织毯”的谚语来描述。这句谚语出自北岛地区的毛利人部落：

代表生存与安乐的地毯，不可能由一条织带编织而成。

只有大家齐心协力，将许多条织带穿插在一起，才有可能编成。

——杰奇

本章将讨论“家社一体”原则，它是特法瑞奇课程文件的最后一条原则。该原则的核心思想：更为广阔的家庭、社区生活，是早教课程的重要组成部分。这意味着，早教课程需要与包括家庭在内的其他社区形成互应互惠关系，这种更为广阔的教育环境不仅包括孩子的大家庭，还包括家庭所属的部落、家庭附近的工厂、教堂等。文件进一步解释道：

> 新西兰是毛利语和毛利文化的故乡。早教课程应促进毛利语与毛利文化的发展，使它们随时可见，以便让来自各种文化背景的儿童，都有机会学习并领悟其价值所在。教师应对不同的部落文化表示理解，了解大家庭的基本情况，加强与家庭之间的联系，尊重孩子父母及其家庭的各种愿望。

关于家庭关系的最新研究成果，已经反映在幼儿教育的相关政策之中，这对于落实特法瑞奇课程文件具有重要的理论意义。下面这段文字出自玛丽安娜：

> 关于“亲情关系”这一概念，众说纷纭，目前达成的基本共识是，承认亲情关系是“各种关系的核心”。在重视儿童的家庭、文化、知识以及社区的同时，我们也思考如何利用亲情关系促进儿童的学习、提升儿童的健康幸福水平。我们能做的还有很多。我们发明了“亲情互动板”，用来展示、分享发生在每个儿童家庭的故事，而且我们由此发现：分享促进分享！我们还利用家庭问候语来进一步增进亲情关系——请小朋友们轮流介绍个人情况及其家庭成员，为他们创造学习和分享不同问候语的机会。

一、家庭与社区的多样性

特法瑞奇课程文件对“社区多样性”的看法：

> 如果文化背景不同，养育儿童的方式、观念、习惯就会不同，同时，对知识、技能、情感态度的重视程度也不一样。因此，应该促进不同文化之间的多种交流，鼓励父母、家庭、家族的长辈都参与到幼儿教育活动中去。(Te Whāriki, p. 42)

21世纪20年代，新西兰的文化景观更为多样，多元文化愈加凸显。在《长在新西兰》（*Growing Up in New Zealand*）这项纵向追踪研究中，选取的被试是南奥克兰和怀卡托两市的6 846名儿童。这些儿童的出生日期都在2009年4月到2010年3月之间。也就是说，这些孩子出生的时候，特法瑞奇文件已经颁布了13年或14年。课题组收集了这些儿童的家庭和社区的相关信息。作为被试，这个年龄段的孩子具有广泛的代表性。就2010年后出生的这些儿童而言，其中三分之一的家庭中至少有一名家长在海外出生，会说多种语言，20%的家庭在日常生活中很少使用英语交流。就这些受调查的家庭而言，他们的流动性较高，其中超过一半的家庭在孩子出生之前的5年内搬家2次以上。

在新西兰，这些孩子的家庭的文化背景越来越多元化，具有明显的全球化趋势。在《创中学》（*Learning in the Making*）这项研究中，4岁男孩亚森的父亲说道：

> 我们现在已经生活在一个地球村中。我看到银行招聘公告中的首要条件是掌握一门外语，其他就没有什么了。我

> 们有一种强烈的预感，等到 20 年后的 2025 年，我们的孩子要找工作的时候，很可能要求他们会讲汉语，毕竟中国人那么多。（Carr et al.，2010 p.172）

亚森家很重视语言学习。当他还是个婴儿的时候，就跟随家人移民到了新西兰。通常情况下，他们家用英语和古吉拉特语进行交流。亚森现在就读的幼儿园是哥哥之前上过的幼儿园，所以老师都很了解亚森的家庭情况。入园后，亚森在很多场合都会谈到自己的家庭以及远在印度的奶奶，老师们总是认真听他讲述。研究人员在园内对亚森进行了跟踪调查，最后评价说：

> 在幼儿园，亚森和老师们的对话呈现了一种文化自我：远在印度的奶奶和其他家族成员，以及他在新西兰的家人。这一切都在拓展亚森身为移民的自我概念——在学习新的语言的过程中，世界公民意识不断增强。然而，很多学校都将这种文化自我丢到了一边。

作为国家课程，能够明确表明自身的文化立场，坚持更为开阔的家庭、社区观念，这确实是一件非同寻常的事情。就特法瑞奇文件而言，其不同寻常之处在于拥有自己的生态学主张——本书第二章介绍的尤里·布朗芬布伦纳生态系统理论。布朗芬布伦纳对 20 世纪 30 年代世界经济大萧条导致普遍失业这一背景下的儿童家庭生活很感兴趣。他研究的主要问题：那些家庭生活贫困、父母关系紧张、难以享有公共医疗保险的儿童所面临的种种困境。相关研究表明：一方面，父母对孩子的期待直接影响到孩子的学业成绩，另一方面，社会环境以及早教政策直接影响父母的教育期待。本书第八章将进一步探讨早教评价方面的问题。

对于以上这些问题，皮埃尔·布迪厄的相关理论值得参考。利兹·布鲁克在对影响新生学业的文化因素进行调研的基础上，探讨了不同家庭的不同价值观念和不同家庭之于儿童发展的不同价值。她认为，应该高度重视不同家庭对子女未来发展的不同期待。布迪厄提出的“惯习”这一社会学概念，有助于我们认识不同家庭对子女的不同期待。在布迪厄看来，每个家庭都有一套持久稳定的行为意向系统，由此可知“当前哪些事可以做、哪些事不可以做，哪些话可以说、哪些话不可以说”。这套社会学理论经过布鲁克阐释之后，比较容易理解。她还指出，如果家庭对子女的期待发生了变化，子女未来的行为意向系统也会随之改变。

蒂莉·瑞迪，作为特法瑞奇文件的起草者之一，在 1995 年新西兰学前教育大会上的一段讲话，经常会被引用。她当时想向听众表达的观点是，国家课程的文化传递价值不可忽视。我们不妨重温一下她的核心思想：

> 早教课程有助于传递我的语言、习惯和文化观念，也有助于传递你的语言、习惯和文化观念，它能够确证我的信仰系统，也能够确证你的信仰系统……综上，特法瑞奇也承认，儿童是连接过去的生命纽带，是当今社会的代言人，也是未来发展的希望所在。

同样是在《创中学》这项研究中，奥菲娜的母亲说过的一句话和上面这种观点接近。奥菲娜的母亲十来岁的时候移民到了新西兰。

奥菲娜的母亲有姊妹七人，她母亲排行老五。她母亲退学之后的好多年都坚持同时打两份工，甚至在奥菲娜和她的弟弟出生之后，也是这样。当谈到对子女的期望时，奥菲娜的母亲说："我告诫他们，他们上大学弥补了我在他们这个年纪时没能上大学的遗憾。"(Carr et al., 2010, p.63)

刚入学的时候，奥菲娜参加了幼儿园为幼儿组织的午后聚会。这些幼儿的家人也应邀出席了聚会。奥菲娜喜欢在拼图玩具区玩。孩子们的妈妈、阿姨、奶奶们也来到玩具区外待了一会儿，她们一边照看自家的孩子，一边聊天。有些人还用汤加话交谈。奥菲娜的外婆也是汤加人。每当奥菲娜的妈妈忙于工作的时候，奥菲娜就由外婆负责照看。在《创中学》研究团队入园观察的第二天，他们仔细观察并记录了出席当天下午幼儿园聚会的 16 位家长的活动状况：5 位家长坐在玩具区边的沙发上聊天，5 位家长坐在地上和孩子们一起玩拼图，1 位家长坐在制作橡皮泥的桌子边，1 位家长站着看孩子们玩，1 位家长待在幼儿园接待室，2 位家长坐在幼儿园外面聊天，1 位家长在外面和孩子谈话。半小时过去后，还有 14 位家长没有走。当时，有 2 位家长在厨房里忙着泡茶和为孩子们切水果。幼儿园属于拥有巨大影响力的地方：它能够为儿童及其家庭树立榜样，能够让孩子们沐浴在尊重与包容的文化中，能够和社区建立良好的交往关系。下面引用一位家长参与幼儿园活动后的感想。这个幼儿园后来发展成为一个综合性的社区服务中心。

虽然这里大多数儿童的家庭经济条件不太好，但幼儿园并没有歧视这些孩子，老师们更不会戴着有色眼镜进行教学。

二、作为儿童活动空间一部分的社区

对于幼儿园以外的社区发生的教育故事，教师绝对有发言权。这些故事包括新西兰的“林区”教学项目。开展该项目的宗旨是培养儿童在户外活动中的探索精神和挑战意识。这些活动项目深受丹麦林校教学法的启示。（详见《勇气》）

勇气①

我们在林区幼儿园度过了美好而刺激的一天。福娃和他的朋友们玩得不亦乐乎。后来，我和福娃一起探索如何顺利通过游绳做成的“独绳桥”。我建议他亲自试试看。福娃思考了一会儿说：“我害怕！”

我对他说：这座独绳桥确实让人害怕，但如果你有一颗勇于挑战的心，不断努力坚持下去，就会成功。

福娃鼓起勇气接受了挑战，雄心勃勃的他希望自己可以一次性通过这座独绳桥。但是，第一次尝试时，他走到半

① 本故事的记录者是凯伦。

路就失败了。因为人一站上独绳桥，身子就不自觉摇晃起来。对于福娃来说，如何在顺利移动的同时保持身体平衡，是个考验。

福娃试了一次又一次，虽然都以失败告终，但可以看出他在不断取得进步。每次失去平衡掉下桥的地方离终点越来越近。他再次鼓起勇气试了一次。当福娃越来越靠近终点的那棵树时，空气中仿佛都弥漫着紧张、期待的气息。就这样一步一步靠近，福娃的脸上渐渐露出了胜利的笑容。当他抵达终点时，他大声欢呼："我成功啦！"

"是的，你确实成功了！坚持不懈的精神支撑着你一步步实现了自己的目标！"我在一旁肯定地说道。福娃从独绳桥上下来后，手舞足蹈，非常开心。

福娃从中学到了什么？

林区幼儿园为儿童提供了各种学习机会和发展可能。故事的主人公福娃就是一个很好的例子。户外探险是新西兰人生活的一部分。在新西兰，到处都是风景旖旎的公园、自然保护区和山川河流。新西兰的野外环境为福娃提供了许多自主探索的学习机会，而林区幼儿园则为他提供了一种类似的快乐体验。从故事的对话中，我们可以感受到福娃努力克服内心恐惧的勇气。他在对话过程中开始思考，最终选择尝试挑战。相信这种精神对福娃今后的学习乃至长大后面对各种挑战都非常有益。不论是挑战本身，还是面对挑战时内心的目标，都激励着福娃坚持到底。福娃为自己的成功感到自豪，欢欣鼓舞地为自己庆祝。这种强大的学习热情有助于福娃在幼儿园或家中继续探索各种类似的新问题。

今天，我非常高兴能参与福娃完成挑战的整个过程，期待着以后继续和他面对各种挑战，共度林区幼儿园的美好时光。

在本书第八章中有一个研究案例，其中描述了罗森莎斯幼儿园的教学特色。老师们总是会随身携带摄像机，全程拍摄记录儿童参观动物园、博物馆、美术馆的各种活动，之后还会为每名儿童制作一个光盘，留存在孩子们的成长记录袋中。孩子们可以在家或者幼儿园播放个人的活动光盘，与同伴和家人分享。当然，老师也会拍照留念。相片会集合成册，并让孩子写下评论。例如，《幼儿教育测评示例》第一册就记录了相关案例。在孩子们参观当地博物馆举行的一场名为“奇妙世界”的主题展后，老师让他们评价参加这一主题活动的相关照片，孩子们的想法可谓天马行空。

乔治：我叫乔治，我穿着恐龙印花衬衫。蜜蜂正在往外飞，特别好玩。我喜欢螃蟹。我和妈妈并排坐在公交车里。

蕾切尔：刚上公交车的时候，我有些害怕。我爸爸戴上了太阳镜。我坐在公交车上，看到了简，她扎着蝴蝶结。富加的爸爸负责开车。

特依拉提：我喜欢玻璃箱里的那些大蜘蛛，看它们在里面爬来爬去，真有意思。我喜欢在沙坑里面玩。那儿还有玩具呢。

三、课程文件的价值追求

就其本质而言，特法瑞奇国家课程属于正式的教育文件，这一点非常重要，不可忽视。同时，课程文件的根本价值在于，不仅能够使作为教育哲学的国家意志拥有明确的物质载体，还能够规定各种实际活动的具体理念。特法瑞奇文件对早教机构的首要价值在于，提供了本书第二章介绍过的那个课程框架以及各类学习指标。教师和家长可以参照该蓝图进一步明确教学规划和学习过程这两者的共同价值追求。课程文件可以帮助我们超越“怎么教”之类的日常教学问题，进而提醒我们更加关注“教什么”之类的问题。乔老师通过《我的想法》这个故事为我们提供了很好的范例，她重点讲述了萨姆这个小探险家的成长故事。

探讨早教问题，仅就课程本身发表议论，还远远不够。接下来的两章将重点探讨课程实施的动力机制和主体责任方面的问题：一是可供教师、家长以及儿童参阅的各类学习档案，二是教师作为教育研究者的专业发展。

我的想法[①]

今天与萨姆相处的几个片段，使我意识到了适时驻足、不急不躁、仔细观察和耐心聆听的重要价值。正因为我做到了这几点，所以才能够真正地融入到萨姆的世界中去，才能够真正和他进行有效的沟通。这是多么特殊而珍贵的时刻啊！

萨姆对周围世界有着强烈的好奇心。你一旦引起他的注意，他就会全心全意、目不转睛地看着你。当他跟我对上眼之后，竟然那么痴迷，就好像要跟我说话一样，又好像在猜测我的兴趣和心思一样。萨姆所具有的强烈的探索意识，以及与他人、外物进行交往的渴望，有助于他以后确认自己学习的真正兴趣是什么。

我应该为萨姆记录下今天发生的一切，等他长大以后再回顾今天的学习经历时，一定意义非凡。他会看到，自己

① 本故事的记录者是乔。

才4个月大时就跟“探险家”差不多，就试图在户外活动中寻找自己的目标。我想让他知道，他是一个那么乐于交友的探险家。我还想让他知道我的想法：太棒了，萨姆，我们会在艾美特大街度过无比快乐的时光！

四、案例研究：威尔顿幼儿游戏中心

（一）背景

2003至2006年，威尔顿幼儿游戏中心被选为新西兰学前教育创新中心。该中心位于首都惠灵顿郊区的威尔顿市，原来是一所教堂，建于20世纪50年代末。该中心实行会期制教学，招收16～20个0～6岁的儿童。所有儿童采取混龄分组，分别在一周的四个不同时间段入园学习。每个两岁半以下的儿童，由一位看护人员或一位家长专门负责照料；两岁半以上的儿童的师生比是1∶5。与其他中心相比，该中心的师生比更高。

（二）情感归属：父母合作开展教学

威尔顿幼儿游戏中心秉承家庭是孩子主要教育场所的理念，父母自愿参与并承担中心的教学和管理工作，因而既是父母也是老师。在这里，作为自愿者的家长，除非请产假，否则每周至少轮流一次入园执教。每次上课都由5～6名父母（老师）负责，每周同一学习时间段的执教教师不变。

（三）健康幸福：拥有相互支持的文化

健康幸福以及友好交往的关键是以儿童为中心的共同目标——一种相互支持的文化：提供亲子间互相学习、彼此理解、共同发展的机会，提高家长在课程设置、教学设计和教育评价方面的参与度。这也是以教师为主导的教育活动的主要特征。

（四）探索意识：父母也是学习者

父母是教育者，也是学习者。在威尔顿幼儿游戏中心，大多数家长都承担了培训课程，培训课程有儿童身心发展、儿童游戏与学习、儿童养育技巧、教学项目设计与实施、特法瑞奇课程、辅导方法与管理技能，等等。每个时段的教学都由 2 ～ 3 名家长共同负责，以此弥补各自专业知识的欠缺，进而保证教学水平达到一定的高度。在创新研究中心，由家长们负责观察记录，并采用新西兰国家教育质量等级量表分析他们与孩子的互动情况。家长们集体讨论观察、评估的结果，然后决定想要研究的具体领域。其中一个研究领域是，怎样运用开放式的提问拓展儿童的思维，以便激励他们在自主选择、自主判断的同时，积极投入到持续稳定的对话、交流中去。

（五）交流能力：纸墨飘香的环境

另一个研究领域是，如何创设“纸墨飘香的环境”，以便培养儿童的书面交流意识以及利用文字符号表达思想、经验、观点的习惯。家长们比较自信，因为他们参加过这方面的专题培训。其中，构图和写信引起了儿童的极大兴趣。

妮雅已经 3 岁 10 个月了，玛莎是她的妈妈，布兰奇是在早教中心负责照看她的老师。开放式的问答训练，提高了妮雅的思考能力，一旦有机会回答问题，她总是能够发表独特而新颖的观点。显然，妮雅一直对空间位置关系以及地图之类的东西特别痴迷（她的妈妈玛莎在家注意到了这一点，早教中心的老师在分析妮雅的学习故事时也发现了这一点）。由此可见，妮雅的思维水平已经达到了一个比较理想的高度，因为她能够理解地图的抽象意义，而不是简单地把它看成一张纸。妮雅对埃利奥特的来信的反应，也可以说明这一点。埃利奥特已经出国 3 个月了，但之前也在这个中心学习，是妮雅的小伙伴。

妮雅：我想给埃利奥特写信。

玛莎（面对布兰奇）：我们上学期收到了埃利奥特的来信，他和家人都在美国。

布兰奇：埃利奥特的信是怎么到我们这里来的呢？

妮雅：他把信放进邮箱了呀！

玛莎：然后发生了什么呢……埃利奥特把信放进他那边的邮箱之后，信是怎么跑到我们这边的邮箱里来的呢？

妮雅：邮递员可以做这些事情啊。

玛莎：美国与新西兰相隔千里，邮递员又是怎么把信送过来的呢？

妮雅：邮递员把信从那边的邮箱里取出来之后，乘船来到了新西兰，然后把信投进了我们早教中心的邮箱里。

（玛莎：我写下这些内容之后，让妮雅审读确认。她说正确无误，而且又补充说，邮递员先在惠灵顿港口把船系牢之后，才往我们早教中心送信。）

玛莎：邮递员送完信之后干什么去了呢？

妮雅：他回去了呀！

玛莎：回美国了吗？

妮雅：当然啦！

孩子们本来就有写信的想法，而难得的是老师们充分地利用了这一点，适时地进行了引导——利用邮箱来捕获孩子们写信的兴趣，而且一旦这么做之后，必然会进一步激发孩子们写信的热情。

（六）奉献精神：民主协商，求同存异

所有的决定都需要民主协商，求同存异。在威尔顿幼儿游戏中心，不论是教育理念还是教学实践，都尊重儿童的愿望，都以特法瑞奇的四大原则为基础。在该中心的父母们看来，他们作为教育者的愿望也应该得到尊重，四大原则对于他们而言，也同样适用。该中心作为新西兰学前教育创新示范基地，可供研究的特色在于，儿童、家长及其大家庭积极合作，在构建学习共同体方面取得了一定的成绩。就学习共同体这种思想而言，该中心采用了罗格夫的看法，即人们通过与他人的互动交流共同参与学习过程。这和以成人为主导或以儿童为导向的教学方法不同。课程设置必须尊重儿童的真实想法，经过协商、讨论后再确定。威尔顿幼儿游戏中心在构建学习共同体的过程中，特别重视父母与子女之间的合作与交流。

五、与家社一体原则相关的指标示例

表 7.1 为读者列举了家社一体原则在情感归属、健康幸福、探索意识、交流能力、奉献精神五大领域中的学习指标。

表 7.1　家社一体原则在五大领域中的学习指标

课程目标	学习指标 / 儿童发展
情感归属	理解幼儿园与熟知的外部世界之间的联系
	对未知的外部世界怀有好奇心和求知欲
	在幼儿园和其他与儿童相关的环境如家庭、学校、父母工作场所之间建立联系
	对医院、超市、消防部门等不同工作场所的功能有所认识
	对其他环境中的日常事务、风俗习惯以及相关事件有所理解
健康幸福	在实践活动中逐渐理解当地社区对健康幸福的价值追求
	遵从不伤害他人和不破坏环境的规定，理解这些规定背后的理由
探索意识	熟悉不同文化中的人生故事，包括真实的历史或虚构的神话、传说等
	了解家乡的地理特征以及山川河流等对当地人民的重要性
	真心爱护并逐渐担负起保护生命环境和非生命环境的使命
交流能力	充分认识到母语的重要性
	熟悉地方文化中的经典故事和经典文献
	越来越熟悉地方文化所珍视的艺术、手工、音乐与传说等
奉献精神	欣赏毛利人的生活、交际能力，对个人在幼儿园中的地位充满信心
	尊重集体利益与需求，并主动承担相关责任
	欣赏各种有利于集体和集体福祉的服务方式

本章要点

1. 特法瑞奇文件中“家社一体”原则的核心思想：更为广阔的家庭、社区生活，是早教课程的重要组成部分。它所强调的是幼儿教育服务，主张帮助儿童及其家庭“获得提升、主导个人生活的必要资源”。

2. 特法瑞奇教学法注重不同文化之间的多种交流，鼓励父母、家庭、家族的长辈都参与到幼儿教育活动中去。

3. 参与早教活动的这些家庭能够为早教中心带来各种各样的家庭语言和家庭文化。

4. 每个家庭都有一套持久稳定的行为意向系统，由此可知“当前哪些事可以做、哪些事不可以做，哪些话可以说、哪些话不可以说”。皮埃尔·布迪厄的相关理论有助于早教课程的改革与发展。

5. 研究发现，家长的教育期待直接影响到子女的学业成绩。

6. 家庭周边有很多地方都是儿童的活动空间，如灌木丛、动物园、博物馆和美术馆等。

7. 课程文件能够使学习理念和学习目标具体化、实在化。这些理念和目标成文之后，不但便于参照和交流，还能够提醒我们关注早期教育“教什么”之类的大问题。各种形式的评价记录也具有这样的功能。

思考题

1. 在本章开头，杰奇引介了一句北岛地区的谚语。你是否也有特别喜欢的谚语、诗词、歌曲呢？它们能不能很好地表达你特别认同的教育思想？

2. 蒂莉·瑞迪认为：儿童是连接过去的生命纽带，是当今社会的代言人，也是未来发展的希望所在。幼儿教育如何才能体现以上这几个方面呢？

3. 就不同家庭以及家庭关系而言，本章哪部分内容对你产生了影响？相关内容对你有何启示？

4. 重读《勇气》，说说你对故事的哪些内容感兴趣。

5. 重读《我的想法》，试想，如果萨姆的家人也读到这些文字的话，会有何反应？

6. 结合本章的案例研究，思考以下问题：

（1）在威尔顿幼儿游戏中心，家长如何才能成为教师呢？

（2）在威尔顿幼儿游戏中心，家长如何才能成为学习者呢？

（3）在威尔顿幼儿游戏中心，有没有雪中送炭似的家庭辅助案例？为什么会出现这种情况？会出现哪些困难？怎样解决这些难题？为了形成相互支持的幼教文化，你会采取哪些行动，你能改善哪些办学条件？

（4）在威尔顿幼儿游戏中心，可以培养哪些方面的读写能力？

（5）在威尔顿幼儿游戏中心，家庭有没有机会参与教育决策？参与的机会多不多？在你看来，家庭的文化资本与文化热情能够对儿童的美好人生起什么作用？

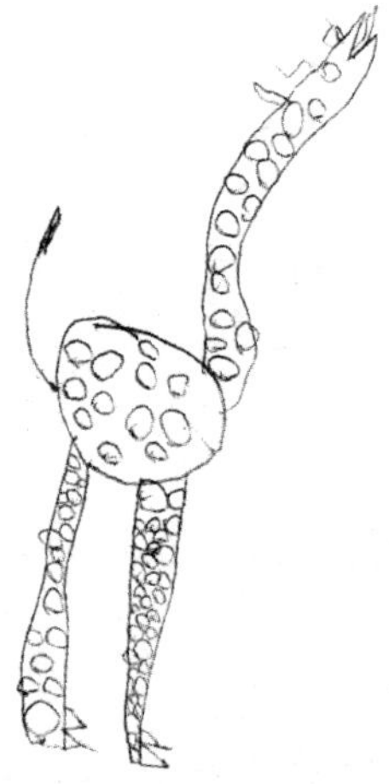

第八章　相互交织：记录、评价与规划

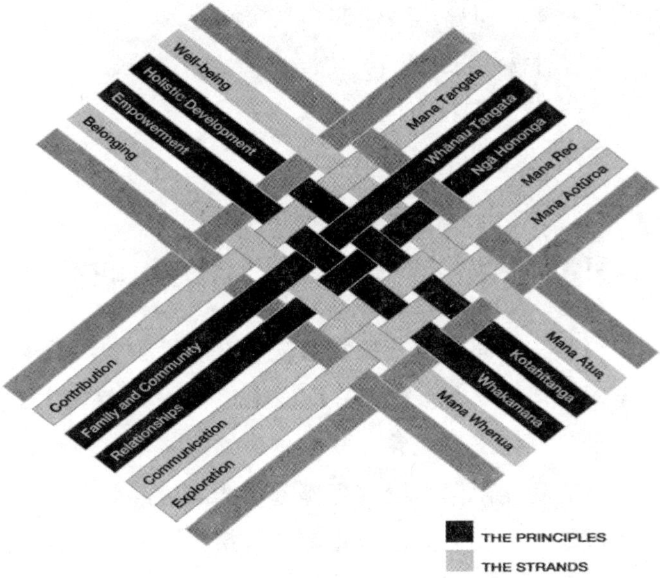

澳大利亚的托希·特兰法写道：

在新西兰，学习故事所蕴含的哲学理念的实践价值在于，它是一种描述、记录儿童学习状况的重要手段，相关描述、记录对于儿童及其家庭而言，意义非凡。这种叙述性评价手段不仅有助于我们分享彼此的思想认识、价值观念以及与儿童交往的方方面面，而且能够将儿童的学习活动与课程框架、学习理论很好地联结起来。当教育者们一起分享各自

> 记录的学习故事时，必然会面临一定的挑战，从而要更加深入地思考个人的教学实践，要寻求、借助新的方式、方法对原初的教学过程进行反思和阐释。

本书前四章阐述了特法瑞奇文件的四大原则与五大领域交叉协同的学习指标。本章将介绍其他的交叉协同方式：

1. 学与教在目标方面的交叉协同；
2. 记录与评价在课程方面的交叉协同；
3. 规划活动方面的交叉协同。

一、学习共同体：学与教在目标方面的交叉协同

就特法瑞奇文件而言，它特别重视那些有助于实现五大领域相关指标的学习环境（参见表 2.2）。根据该文件，这些学习环境的主要特点在于具有促进、滋养、联系、供给、肯定、鼓励、体验、评估等多方面的功能，但不论具有哪方面的功能，都特别强调学习者和学习环境是学习发生的核心要素（包括人、地、物等）。在特法瑞奇文件出台 11 年之后，我们当中曾经有人指出：

> 有趣的是，教与学总是很难严格区分，毛利语顾问将毛利语“ako”译为“教与学”，而维果斯基认为，俄语“obuchenie”既有“教”的意思，也有“学”的意思。（Carr，2005，p.40）

特法瑞奇文件的课程目标既包括教师的教，也包括学生的学。就其目标而言，主要聚焦于教师的教；就其结果而言，主要聚焦于学生的学。教学法的本质就在于，促进成人、儿童、地点和事物之

间的交叉协同，将教与学有机地结合在一起。芭芭拉·罗格夫和其他学者围绕“学习即参与”这一观点展开过争论，而恰恰是这一观点将“学习目标”和“学习结果”统一了起来。探讨参与式学习时，总是离不开能力与教学法这两个话题。在特法瑞奇文件出台的 1996 年，《教育心理学手册》（*Handbook of Educational Psychology*）一书也出版了，其中针对参与问题进行了讨论：

> 参与的关键在于维护参与者的人际交往关系和独立自主身份，确保参与者能够在这种交往关系中发挥重要作用，而最为重要的是，让参与者在这种参与关系中找到自己的独特位置。也只有在这种情况下，学生才能够真正参与到活动中去，参与活动的学习意义才能够真正体现。（Greeno et al.，1996，p.26）

二、记录与评价在课程方面的交叉协同

来自英格兰的诺拉·沃写道：

> 特法瑞奇课程文件的基本理论与教育实践之间的关系清晰明了而又易于把握，因而有利于我们更好地理解儿童是如何学习的。学习日志（记）可以将儿童探索世界的神奇性一面捕捉下来，这种评价方法的效果是常规教学评价方法望尘莫及的。

评价活动能够阻止、削弱一门课程，也能够支持、强化一门课程。

正是基于这一评价观，新西兰教育部专门资助了一项调查研究，它们提供各类相关资源，用以探索可以助推特法瑞奇文件的评价活动。这项探索性研究最初在 5 所早教机构展开：一所基于家庭的早教机构、一所儿童保育中心、一所幼儿园、一所幼儿游戏中心和一所毛利语语言巢。在整个研究的过程中，录制了一套 DVD 光盘，组织了一系列研讨会。此后，新西兰发布了 20 册《幼儿教育测评示例》，每一册都围绕故事和案例介绍了特法瑞奇课程的评价方法，并配以针对相关探索的理论评价。这些小册子，包括评价五大领域各领域的册子，会分发给所有早教中心、早教服务机构和小学。这些册子的电子版可以从新西兰教育部官方网站上下载。玛丽·简·德拉蒙德评价说：

> 在新西兰，以上这些教师的实际工作以及相关研究成果，可能还蕴含着其他更为重要的功能。他们的早教课程指导意见被 1996 年出台的特法瑞奇课程文件所采纳，引起了世界各地幼教专业组织的极大兴趣……该文件主张以叙事为主要评价手段，其中最典型的是利用学习故事作为工具，而不是以发展水平和发展目标为测量手段……显然，新西兰的教育工作者拒绝将学习视为一次性、临时性活动或趋同性、标准性活动，也拒绝用分数、等级或特定标准对学生进行简单的学习评价或资格认定，相反，他们认为学习是一个持续不断的过程，是一件需要一直做下去的事情。（Drummond, 2008, p. 14）

这种评价活动与特法瑞奇课程的四大原则相互呼应，反映了教与学在五大领域的相关要求，强调了知识习得与学习品质提升交叉协同之于早教评价的整体意义。在评价过程中，坚持四大原则是非常重要的。以赋权原则为例，早教课程（评价活动与评价过程）应赋予儿童自主学习和自由发展的权力。就其深意而言，落实该原则的关键在于用一种“信任”的眼光看待儿童。艾根·古嘉和伊冯娜·林肯认为，评价一门课程是否具有互应互惠、互相影响和教育赋权的功能，关键是要看这门课程本身的评价过程是否具有以上三个方面的功能。他们还认为，许多评价程序都暗含“不能评价的东西就不可能是真实的东西”这一前提。就特法瑞奇课程而言，评价内容包括教学目标和学习结果两个方面，如尊重、好奇、信任、反思、归属感、责任感、自信心等。

这些方面的评价可以用学习故事的形式记录下来，至于相关学习的情境，人们并不陌生。学习故事首先是为儿童及其家庭而撰写的，由此可以看到学习活动在情感、交往和动机方面的复杂性特征。学习故事评价法承认评价是促进学习的强大动力。一个完整的学习故事应包含三大要素：（1）陈述——对重大学习事件的记录；（2）分析——对学习活动进行提问，如“我今天从杰克身上学到了什么？”或“学习真的发生了吗？”（3）设计——通常会用“学习机会与发展可能”的形式呈现，但并非每个学习故事都要有这一部分。

《喜欢手链的凯伦》这个故事具体呈现了学习故事的三个方面。学习故事会被收集、保存在儿童的成长记录袋、文件夹或个人简介中。当我们阅读这些学习故事中的“一连串事件”时，便能够了解儿童学习的连续性，看到他们一步步成长的过程。

喜欢手链的凯伦①

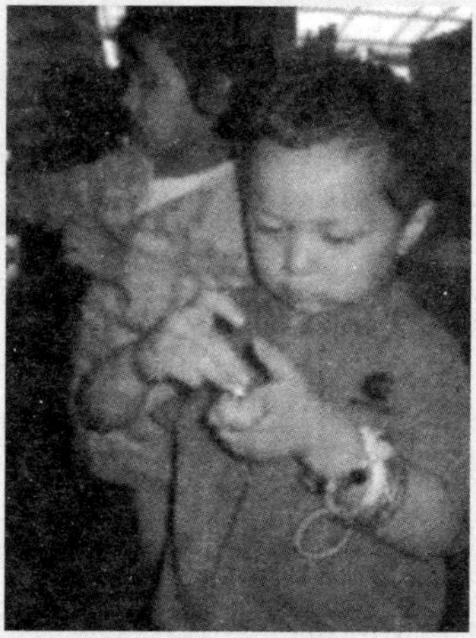

凯伦上周来幼儿园时，手上戴着几只银手镯。他告诉我，它们是他妈妈的。在接下来的两天里，凯伦依然挺自豪地戴着这些手镯，直到他换上自己亲手制作的手链。一年多以来，手工串珠已成为罗森莎斯幼儿园园本课程的一部分。在这期间，很多儿童都自己制作了一些精美的首饰。

凯伦先选好珠子，然后开始穿线。他全神贯注、小心翼翼地用彩线将珠子串起来。当他串好这些珠子后，他过来找我，我把珠链系在他的手上。

第二天，凯伦的妈妈凯莉告诉我，他回家后一直戴着自己制作的手链。在接下来的一周，我们发现，那条手链还戴在他的手腕上。自从凯伦独立设计完成第一条手链后，他花了很多个下午在那里制作手链，乐此不疲。

会有什么样的学习机会?

制作手链这项活动所提供的学习机会：锻炼初级计算能力、图案设计能力、色彩搭配能力以及计数和手眼协调能力。

① 本故事的记录者是金姆。

会有什么样的发展可能？

我们将继续完善手工串珠活动区，提供一些图文并茂的相关书籍。

凯伦，你想不想给妈妈设计一条项链或几条手链呢？我想，你可能会参阅这些书上的手链图案，也有可能别出心裁，自己创造设计。

今天，凯伦为自己设定了新的目标，在制作手链的过程中，他一心一意、锲而不舍，把大小不等的珠子一个一个地串起来。在罗森莎斯幼儿园，我们鼓励孩子成长为富有实力、积极上进的学习者，希望他们能够独立判断、自主学习。凯伦在制作手链的过程中逐步发展了这些能力，开始懂得利用机会制订计划和指导自己的学习。

三、学习故事的价值及其使用范例

1. 学习故事能够提升儿童的自我效能感和学习自信心。学习故事应该：

（1）关注儿童成为学习者的基本条件，应高度重视学习品质在五大领域的发展；让儿童在知识与技能方面的发展变化看得见；

（2）用信任而不是怀疑的眼光看待儿童，这样才能促进他们在学习本领、工作原理以及学习品质方面的发展；

（3）体现儿童的心声；

（4）用儿童及其家庭能够领会的方法记录儿童的学习进展状况。

学习故事应该能够说明儿童是如何提升自我效能感和学习自信心的。学习故事所关注的是儿童成为学习者的基本条件，特别重视学习品质在五大领域的变化（它们只是整个课程目标的冰山一角）。

作为一名学习者，应该满足以下条件：个人有趣味并有个人乐趣；主动与他人交往；直面困难和问题而无所畏惧；及时沟通交流；拥有社会公民或相关团体成员的权利与责任。

2. 学习故事能够比较全面地反映儿童的学习状况；学习故事应该：

（1）连续多天观察儿童的学习进展状况；

（2）记录早教中心和社区开展的各项活动；

（3）记录儿童的日常活动，相关记录应该能够揭示这些活动的意义所在，并能够阐明儿童的个人学习经验；

（4）关注儿童解决问题以及面对困难时的表现，关注儿童在探索活动中取得的成就。

只有高度重视儿童的全面发展，才有可能保证课程的全面性。只有认识到了这一点，才有可能鼓励和支持教师记录下有意义的学习经验和儿童的社会交往。正如迪逖·黑欧所言：儿童不能生活在零零碎碎的课程之中。只有按照全面发展的原则研发课程、实施课程，才能够激发儿童的好奇心和求知欲，儿童才能持续、长久地参与到学习活动中去，教师才能有参与、倾听和反思的机会。

3. 学习故事能够反映儿童与他人、环境之间的互应互惠关系。学习故事应该：

（1）呵护童年；

（2）反映儿童与环境之间的关系；

（3）反映儿童与教师之间的关系；

（4）阐明各种有利于儿童对自己及其他人安全、健康、学习担责的锻炼机会。

如果采用学习故事进行评价的话，为了与互应互惠的课程目标保持一致，就应该给实践者提供深刻反思的机会，以便更全面地认识学习情景中的各种关系。

4. 学习故事能够将父母、监护人乃至大家庭方面的情况记录下来。学习故事应该：

（1）富有趣味并供给儿童的家庭；

（2）阐明儿童个人知识在早教机构中的具体价值所在；

（3）通过对话以及熟悉的事件、物品等揭示家庭、家族交往的具体价值所在；

（4）记录那些能够强化婴幼儿文化认同和家族认同的关爱瞬间以及交流画面。

就学习故事评价法的哲学理念而言，它高度重视并积极倡导家庭参与评价活动，尽力为家庭参与评价提供方便。就学习故事的内容而言，它对儿童的家庭以及家庭的儿童观具有巨大的影响，而其中对儿童兴趣、情感以及优势的阐释，不仅对儿童的自我认识具有非常积极的作用，而且会改变父母对自家孩子的期待，尤其是对儿童学习能力的总体看法。

四、交叉协同的规划理念

除了记录、评价之外，规划是课程编制的重要手段。目前，学习故事在早教机构得到了越来越广泛的应用，正是在这种背景下，整个规划过程的针对性显得极其重要。从思想意识层面上来看，关注、识别和回应是影响课程规划有效性的关键因素。目前，越来越多的教师开始凭借个人直觉进行规划。在以往的规划中，往往由教师直接决定学习主题，而这些主题并不一定能吸引儿童的兴趣。如果以特法瑞奇课程文件为视角，或者鼓励教师、父母与儿童共同建构课程的话，就应该高度重视儿童的学习兴趣和学习热情。同时，在课程规划的过程中，还应该鼓励和支持教师、父母大胆地进行活动创新。事实上，课程规划不仅要考虑到儿童的个体差异性，还要考虑儿童的团体差异性，并将儿童的学习视为一种特殊的体验性活动。为了因材施教，课程规划必须体现出多层次性。制订早教规划的具体策略如下：

1. 规划应适合每个儿童的学习，要考虑到每个儿童的具体情况，要便于使用学习故事评价法以及其他针对个人的评价法，相关内容可以记录下来，也可以直接陈述。

教师通过观察发现儿童的兴趣和热情所在，鼓励他们自主制订个人的学习目标，成为能够自我指导的学习者。学习故事中的“学习机会和发展可能”这一部分属于课程规划的重要方面。我们需要特别注意的是，这一部分的计划内容必须是开放的，以便为儿童的自主学习留有余地。

儿童取得的“进步”是很难定义的，另外，特法瑞奇课程早已抛弃了我们过去依赖的那套“发展阶段”理论。在有些教学情境中，对儿童进行学习评价可以为下一步的学习指引方向，但在那些复杂的学习过程中，我们很难弄懂下一步该做什么。我们知道，当教学活动富有意义并且与儿童的个人生活直接关联时，学习效率会特别高，同时，评价活动应该立足于熟悉的教学情境，所以教师应该：

> 自始至终为学生的各种学习目标服务，帮助每个学生实现个人的发展目标，帮助他们不断发掘个人潜能，获得更大的进步。因此，从教师的角度来看，他们所面对的学生的学习目标总是在不断调整的。

由此来看课程规划的话，非常重要的事项就是积极、自觉地发挥儿童的主体性，激发他们的学习动机，为他们提供展示相关能力的机会，鼓励他们将这些意志品质迁移到其他活动中去。在制订这类规划的时候应该注意，父母和儿童也可以发挥很大的作用，他们也能提供很多帮助。例如，教师可能会写上这么一句话："我将询问杰西卡：如果由你来决定未来的学习目标，你接下来干什么？"

2. 根据儿童的具体兴趣制订规划。

从教师的角度来看，这么做能够激发儿童的学习热情，能够在相当程度上提高儿童的思维能力和解决问题能力，进而拓展儿童的知识范围和学习品质。这方面的规划一般都会开诚布公，相关工作经常被隐喻为池塘里泛起的一丝丝涟漪。在充分尊重儿童以及教师的意见的基础上，最后会针对相关主题提炼出核心观点。其实，制订规划的过程也是一个研究的过程，因此，教师和儿童应该相互合作，共同探索那些他们感兴趣但并不熟悉的东西。

3. 根据教师和各类教育者进行规划，更重要的是，要根据所在的社区和社会进行规划。就这些教师和教育者而言，他们能够凭借各自的专业知识开展积极有效的教学实践。

这类规划也同样需要教师的积极参与和推动。就这类规划的核心思想而言，它与特法瑞奇课程的相关目标追求一脉相承。譬如，两者都意识到了一点：在早教过程中，如果不考虑性别、能力、年龄、民族或个人背景而能够提供平等的学习机会的话，会有更大的作为。同时，这类规划也可能是为了促进更为专业性的学习，例如，为了提高艺术鉴赏能力或读写能力。

4. 将相关规划公之于众，不断地进行完善和充实，比晾在那里不动有趣多了。

如果将相关照片、儿童的作品、想法、问题、思想以及教师的评价等收集起来的话，我们就能够更加清晰地看到评价记录与实践活动之间的紧密关系。这种公开的展示性活动具有一定的评价功能，需要儿童、教师和父母的共同参与才能完成。正因为如此，课程规划将根据儿童在幼儿园的实际情况进行动态调整。这种规划看起来就跟办儿童学习回顾展差不多——将学习活动中发生的真实事件以及所有参与者的所见所闻收集起来，重新审查和归类。教师与其他教育工作者会提出一些反思性问题，将自己的教学计划以及儿童的个人学习动机呈现出来。这么做又会进一步激发反思和写作。在本章末尾，我们专门列出了他们可能给自己提出的这类反思性问题，可供参考。

下面是罗森莎斯幼儿园的教师撰写的一个以趣味学习为主题的课程故事，它为我们提供了一个了解学习规划的窗口。第一个有关课程规划的故事就诞生在罗森莎斯幼儿园。随后，许多幼儿园参照这种做法，记录下了自己幼儿园的儿童在学习过程中发生的真实故事。这些故事都非常有深度。《手工串珠》这个故事由教师教学团队共同撰写，主要由 82 张幻灯片改编而成，收录了两年多来手工串珠活动中的许多趣事。这些老师在对他们的学习故事进行反思，并将相关感受汇在一起之后，提出了很多问题。这也是该故事的重要特色所在。

手工串珠

在罗森莎斯幼儿园，负责开展手工串珠活动的老师有三位：凯伦、凯特和凯姆，另外还有三位助教雅基、安尼塔和简。

活动的起因：手工串珠激发孩子们的热情

最初的时候，孩子们对玩骰子、配毛毛珠这种游戏很感兴趣。为了制作毛毛珠，孩子们必须将相应颜色的珠子串起来，才能与骰子搭配。当越来越多的孩子参与到这个游戏中，简给大家配备了一个针线工具包，以便每个孩子都有机

会玩一次。这种游戏玩了一周之后，到了接下来的周一，当我们再次把工具包发给孩子们时，有几个孩子说，想把珠子制作成项链带回家。于是，我为他们收集了一些珠子和细线。

一些奇妙的事情开始发生……

在整整一周的时间里，孩子们回来好多次，为自己和家人制作手链和项链。对孩子们来说，用禾秆比用棉线串珠来得简单些，但如果扣不紧的话，珠子就会散掉，以致前功尽弃。孩子们在学习串珠的过程中，会不断地遇到问题。他们经常以小组的形式聚在一起，讨论自己在幼儿园和家里设计的作品样式。我们教师在这个过程中也获益良多。在制作过程中，孩子们先要测量珠串的长度，然后裁剪下相同长度的细线。有时候，本打算制作成头环的珠串会因为细线太短只能改为手链或项链。手工制作串珠需要经历一个漫长的过程。通过观察发现，有些孩子设计的串珠样式比较随意，而有些孩子对自己的设计很讲究。

为儿童提供一定的空间和丰富的资源，从而激发他们的创作灵感。

——雅基的教育思考

奥利维亚的杰作

今天，我发现奥利维亚又开始在手工桌前设计一款新的珠串。我的同事凯姆和凯特之前和奥利维亚一起设计过串珠，也拍下过奥利维亚制作的第一款珠串。当我看到今日卡片上的图案时，十分激动。

我和凯姆、凯特三人事先讨论过之前在网上下载的一些项链款式，并为孩子们设计了一些图案，以便激发他们的灵感，好让他们设计出自己的式样。

奥利维亚扫了一眼这些设计图案，接着开始仿造我的那款开始设计。没过多久，她就完成了自己的设计。

我在想她接下来又会做什么……

奥利维亚对着桌上自己摆出的珠串图案说道："我想把这些做成可佩戴的项链。"我非常兴奋，回答道："你觉得

我们怎么样才能把这些彩石串起来呢？”事实上，我也不知道该怎么办。奥利维亚用手指支着下巴，仿佛已经进入思考状态了……

接着，她回答道：“我不知道。”突然，我的脑海里闪过一个灵感。（其实，这会儿我有了主意，觉得现在是实验这个想法的时候了！）我建议奥利维亚：“或许我们可以用小钉子在彩石中间敲个洞？”奥利维亚点头表示同意。但由于彩石易碎，我们的想法宣告失败。我又提议：“或许我们可以把彩石粘在支架上，然后再用线把它粘起来。”奥利维亚表示同意：“好啊，我们试一试！”

奥利维亚将需要的彩石挑选出来放在一起，然后开始黏合工作。我则在一旁用相机拍下她的制作过程。她的摆图逐渐有了模样。

没过多久，奥利维亚的作品基本成型了。我很开心，这种方法真的可行！接下来就是穿线了。凯伦刚刚拿来了一些皮线，我把这些皮线展示给奥利维亚看，并向她解释皮线比鱼线更结实。奥利维亚把它放到桌子上，并绕脖子一圈垂到自己需要的长度，说道：“我想这样就够长了！项链垂到这里就好！”我们剪下需要的皮线。奥利维亚把它拿到喷胶区去，准备黏合！

“我做到了！雅基！全部完成啦！”奥利维亚自豪地对我说。

不论是奥利维亚制作成功的这条项链，还是她朋友们的表现，都让我惊喜不已。小朋友们围着奥利维亚的作品，叽叽喳喳，兴奋不已。我在想，这次成功是否会激发奥利维亚和小朋友们继续学习串珠的兴趣？

不久，我就找到了答案……

我早早放置好手工桌，期盼着女孩们的到来！奥利维亚第一个到场，她仔细筛选设计图案，要迎接新的挑战。

奥利维亚宣布：“我要为格雷西制作一条项链！”接着，她开始挑选款式，最终选定一款精美的贝壳图案！没过一会儿，艾米莉亚也过来帮忙，她们两人开始合作。奥利维亚负责总体设计，而艾米莉亚乐于接受她提出的改进意见。

在整个制作过程中，奥利维亚不断鼓励艾米莉亚，直到她们共同完成串珠。

奥利维亚从中学到了什么？

这个问题，我该如何下笔呢？我只能说，奥利维亚的设计才能实在令人惊讶！作为教师，我们都知道儿童能够自主把握个人的学习兴趣是非常重要的。今天，奥利维亚向我们充分展示了她的自主学习能力。

她对项链制作很感兴趣，每天都会为自己设立新的目标。作为教师，我只能在一旁支持、协助她，因为她已经是一个小专家，能够自主调控自己的学习过程，并且不断探索新奇的挑战。尽管如此，我还是想给奥利维亚和其他孩子多一些帮助和启发，于是，我从网上下载了能搜索到的各种项链款式以及缀珠加工需要的资料，希望这些东西能引起他们更大的兴趣。结果非常成功，奥利维亚总能指出这些图片所采用的设计样式。这些活动对她的鼓励作用很大，她不但顺利地设计出了自己的项链式样，而且开始使用“设计”一词说明自己打算制作的项链的具体方法。

过去的一天里，奥利维亚结合自己看到的图案，制作了一款出色的项链。她用行动向我们展示，她能够及时掌握自己看到的设计样式，经过加工、改造让个人的创造灵感转化为现实。奥利维亚特别喜欢用彩石设计项链，但由于彩石没有可穿孔的地方而成了一大难题。

奥利维亚向我解释这些难题，等我们共同解决穿孔难题后，她又开始独立完成设计工作并积极向同伴介绍具体的解决措施。

奥利维亚总是孜孜不倦并全神贯注地完成自己的设计目标。这种坚持不懈的精神来源于设计所带来的成就感。为了再次享受成功带来的快感，奥利维亚不断挑战自我。奥利维亚已然成了一位设计行家。她帮助艾米莉亚完成了项链的制作工作。我特别欣赏她在团队中发挥的领导作用，用自己的设计才华影响着同伴的学习。

奥利维亚设计的这款彩石项链在孩子们当中引起了轰动，但她却不以为然，仍旧勤勤恳恳地制作串珠。我知道，奥利维亚还有一个更大的目标，就是把自己设计的作品带回家和亲人一起分享。奥利维亚非常恋家，这归因于家庭教育带给她的归属感与幸福感。当她对我说第二天要为格雷西制作一条项链时，我真的是心花怒放。这是多么美好的友谊、多么深厚的感情啊！奥利维亚的设计水平愈发成熟，制作速度越来越快。当奥利维亚和母亲、好友格雷西见面的那一刻，我忍不住热泪盈眶。

我拍下了奥利维亚为格雷西戴上亲手制作的项链的那一幕，简直太美了！

我们在其中做了什么？——团队的反思

我们关注、识别并积极应对孩子们的兴趣爱好，记录下他们的学习过程。《幼儿教育测评示例》提醒我们：教师的专业水平体现在关注、识别、应对方面的能力，这些方面的能力最能反映教师的“专业基本功和专业判断力”。这也意味着我们应不断反思自己的教育实践，深化理解课程的基本框架，将文件精神渗透到职业活动中去。这是一种明智的选择。

学习故事有助于儿童与他们的朋友、家人、老师一起庆祝所取得的成就，也有助于他们对以往学习的成败得失进行回顾和总结。孩子们重新审视以往的学习，反思现有的学习，可以拓展个人的学习视野，从而更加深入地认识到学习的复杂性。

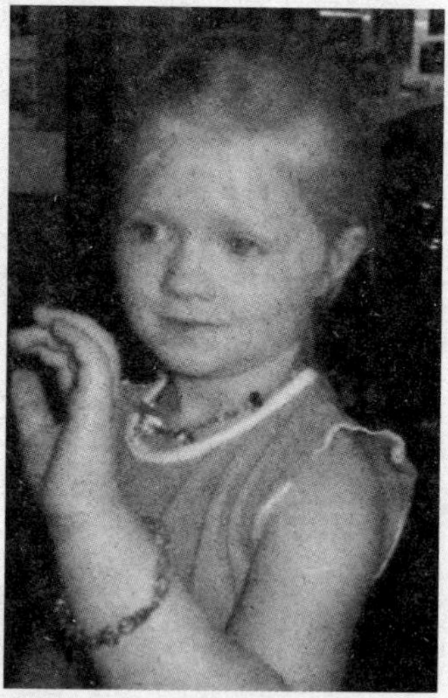

串珠活动的教育效果

特法瑞奇文件提醒我们：儿童应拥有表现个人创造力的学习

资源，不断发展他们在运算、阅读以及写作方面的学习意识。罗森莎斯幼儿园开展的各类串珠活动能够激发儿童设计首饰的热情。这是一项非常有意义的教学活动。

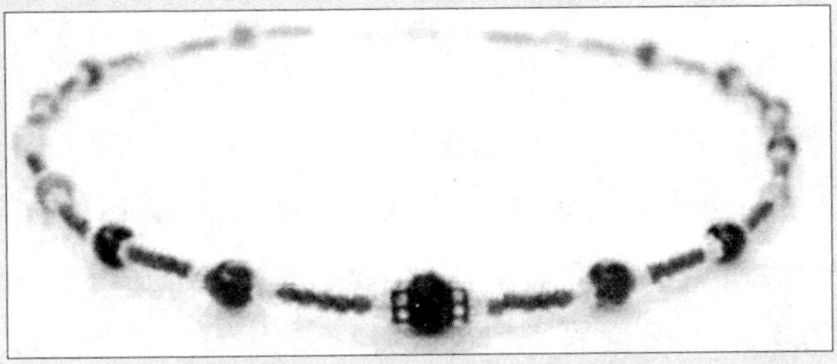

教师团队的思考

在过去的几年里，我们一直期待的是每个孩子都能够制作出许多令人赞赏的作品，但我们没有考虑孩子们是否真的愿意制作出那些作品。自从观念转变之后，我们都开始运用学习故事法来处理儿童的能力发展和情感变化，而这意味着，对孩子而言，他们所创造的东西是真真切切存在的。当孩子们想要制作一样东西的时候，会有自己的选择，而他们制作的东西也必然是自己想要的东西。

儿童在这里学到了什么？

手工串珠活动的教育意义是多方面的，这里只列举其中一部分内容：(1) 学习了多元文化背景下的串珠知识。(2) 培养儿童的学习品质，如顺应兴趣、全心参与。(3) 学会坚持不懈地克服困难，沟通思想，承担责任。(4) 提升了数学能力，具体包括建模、透视、筛选、分类、对称、预算、测量。(5) 提升了设计才能与创造能力。(6) 懂得尊重环境。(7) 提升了社交能力。(8) 学会友好待人。(9) 有助于早期读写能力的发展。(10) 提升了手眼协调能力。

手工串珠的历史

串珠艺术与人类生活相伴而生。远古人类把贝壳或石头作为原材料，将它们穿孔后用藤条串起来佩戴在自己的脖子上。不同款式的串珠在当时已非常普遍。不论串珠是作为宗教标志，还是个人装饰，抑或特殊权力的象征，都无关紧要。串珠一直是人类最为喜欢的一种装饰品。

约 3 000 年前，埃及人学会了制造玻璃，而且顺理成章，他们开始制作玻璃项链。埃及人将串珠艺术提高到了一个相当高的水平，无论是美观度还是设计款式，至今都依然令人叹服。

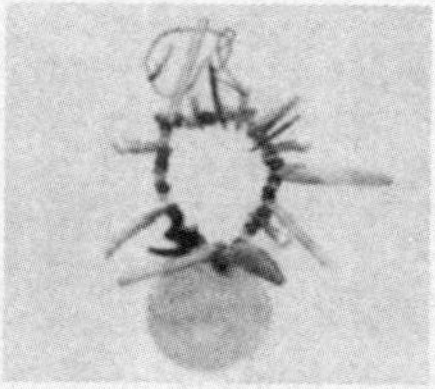

在印第安人的社会生活中，串珠至今仍然占有一席之地。制定翎珠的过程依然庄严神圣，但其成品被某人佩戴或使用的时候，却不一定如此。生产过程比产品本身更重要。关键在于思想、信念和制作过程，而不是最终的成品——这与西方社会完全不同，西方社会更重视成品，忽视制作的流程。

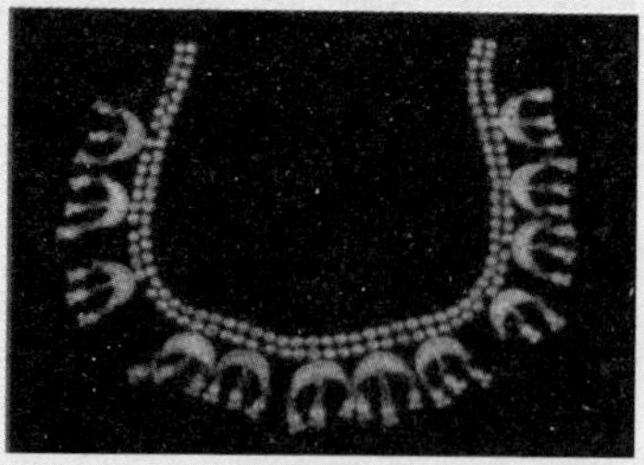

据当代串珠制作者反映，当他们追求过程完美的时候，珠串的制作过程简直就是一次精神的洗礼。

非常有趣的是，这些关于串珠活动价值的早期想法与罗森萨斯幼儿园的教育主张不谋而合。我们发现，这里没有性别差异，所有孩子都能够参与到串珠活动中去。

是什么让我感到惊讶？——凯姆的教育反思

在刚开始开展手工串珠活动时，我从未想过有朝一日它会发展成为罗森萨斯幼儿园的特色教学项目。孩子们对串珠活动的兴趣能持续这么长时间，也令我惊叹不已。孩子们刚学习串珠时，经常无法准确截取适当的珠线长度，往往因为珠线太短而改制手链。现在，他们已能熟练地将项链改造为手链，或用更长的珠线串制项链。日复一日，可以看到一波又一波的孩子坐在桌子边，专注地完成自己的图案设计，不断地创新和挑战自我，制作出新的珠串。他们设计出来的图案和呈现出来的设计风格多种多样。我发现，有些孩子的表现特别棒，他们在整体设计、颜色搭配、穿针引线、镶嵌图案等各个方面都才华出众。这些孩子在串珠活动中发挥了很好的榜样示范作用。

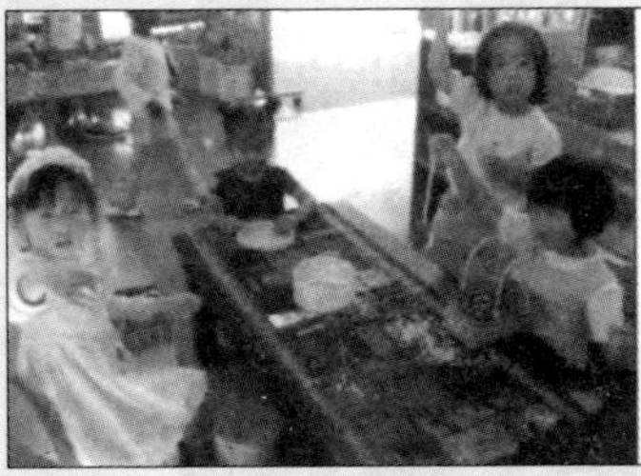

五、案例研究：罗森莎斯幼儿园

（一）背景

《喜欢手链的凯伦》为我们提供了罗森莎斯幼儿园的课程规划案例。该幼儿园（2003—2005 年）是首批早教创新中心之一。罗森莎斯幼儿园上课实行轮期制，每周共五个上午、三个下午开放。上午、下午入园学习的孩子均为 45 名，年龄较小的孩子下午入园学习。因此，在任何一个时段，园里的 3 位专任教师都要与这 90 个孩子及其家庭保持联系。

入园儿童大多来自新西兰第一大城市奥克兰（人口数为140万）的低收入家庭。幼儿园在2003年刚确定为早教创新中心时，园内儿童所讲的方言多达17种。多种语言混杂的教学环境要求教师必须精通信息通信技术。教师们经常使用照相机、DVD等现代信息通信技术工具记录下儿童个人及其团体的学习过程。儿童成长记录袋通常作为反思学习经验、探讨学习成果的重要载体。同时，他们也会以此与其他组分享学习过程，增进相互理解，与不同家庭沟通、交流儿童的学习进展以及整体规划情况。

罗森莎斯幼儿园共配备了4部数码相机，教师们每天都会给它们充好电，以备随时取用。教师们每人一部，另一部供孩子们使用。有时还会把数码相机借给家长使用。幼儿园还配有一部摄像机，为每个教师配置了一个笔记本电脑。幼儿园会用DVD记录下孩子们的上学情况，并将它交给每个孩子的家人。所有孩子的学习故事都会被刻录到光盘上，同时还会制作成档案袋，记录每个孩子之前18个月或2年内在家庭、幼儿园等各个地方发生的故事。在孩子们毕业离园时，幼儿园会将这些材料赠送给他们。

在乔斯·纳托尔编著的《编席子》一书中，讲述了罗森莎斯幼儿园在设备极其简陋的情况下开展创新活动的艰苦历程。作为学前教育创新中心，该幼儿园的创新之举是使用信息通信技术协助教师教学和儿童的日常学习，加强家校联系，提升教师的教学反思能力和课程规划水平。接下来将对以上相关实践以及本章的核心问题进行阐释。

（二）期望

在罗森莎斯幼儿园，信息通信技术成为儿童“阅读”和回顾个人学习历程的重要手段，这不仅可以培养他们的自信心，还能提高他们的学习兴趣和学习效率。教师不仅拍照片，有时还录一些视频、短片。有些照片会保存在孩子的成长记录袋中，与学习故事放在一起。幼儿园经常将这些材料、照片或档案袋分享给家长。这些孩子的家长也经常用家庭语言记录孩子在家的学习情况，并用电子邮件分享给异国他乡的亲人。家长会针对相关材料撰写评论。许多孩子特别喜爱这些记录他们学习历程的故事书，甚至在幼儿园毕业之后还津津乐道，爱不释手。

（三）教与学的交叉协同

信息通信技术、相关记录与对话交流，在教师之教和学生之学之间架起了一座桥梁。它们不仅反映了儿童与教师之间的一种互惠互应关系，还增强了幼儿园与家庭之间的合作关系。这些孩子也会在学习过程中拍照留念，记录下自己的学习故事。

> 近来，孩子们经常会过来找我们，让我们帮他们撰写他们的学习故事……他们会说："你们可以过来和我一起坐吗？我想说一说我的学习故事了。"

在2005年的一份报告（Ramsey et al.，2005）中，教师们评价道：

> 如果能够将信息通信技术融入到教学活动中去，教师的专业技能将会突飞猛进。这方面技能的发展需要时间和耐心，也需要他人的支持和帮助。本来预想会遇到许多困难，但后来这些困难并没有出现。对于这些孩子而言，他们的档案材料，以及复印机、贴膜机、打印机等，都唾手可得。当这些

> 孩子对个人档案以及技术方面的事情负起责任以后，他们在学习活动中表现出来的认真态度以及对待新作品的感情，真的让人印象深刻、难以忘怀。

后来，老师们开始在儿童成长档案的前面添加一页，附带上一些照片，专门介绍一下教师的个人背景、兴趣爱好。这种做法在相当程度上促进了家庭与教师之间的对话与交流。总结报告中有一个故事，讲述了父母充当教师的特殊意义：

> 希姆兰的妈妈从家里带来了一些照片。这些照片引发了很多讨论，为我们深入了解希姆兰及其家庭提供了方便。我们在翻看这些照片的时候，有很多家长在场。几天之后，他们也带来了一些照片与我们分享。正因为这种螺旋递进效应，许多父母开始与我们分享他们的家庭生活。这为我们深入了解他们的家庭提供了一个很好的窗口。每个孩子的家庭生活都是独特的，我们由此可以获得许多非常有价值的内容。也正是通过这些活动，家长逐渐参与到我们的教学中来，开始扮演起教师的角色。

（四）记录与评价

每天在教学工作结束之前，老师们都会花 20 分钟大致交流一下孩子们的学习情况，一起讨论应该由谁来记录、应该记录哪些方面的内容。下面就是他们在讨论中发表的一些看法：

> 我们可能会发现，我们一直在讨论的是同一批孩子。后来，我们开始关注其他 20 个孩子，讨论在他们身上发生

了什么样的故事。现在，每当我们写好一个学习故事，就会把它打印出来，存到孩子的档案袋中去，并在这个孩子的姓名边上做一个标记。除此之外，我们还会将这个孩子的学习故事复制到他的电子文档中去。

（五）规划

后来，老师们改进了实施策略，开始将相关内容记录在墙面上，这更便于与儿童及其家庭交流、协作，可以更好地拓展相关思想与活动主题。在这种情况下，带滑轮的双面主题板更实用，因为有很多主题活动，如手工串珠、镶嵌图案、制作鸟巢这些需要在木工桌上操作的活动，以及其他超级英雄之类的游戏活动，随时都有可能展开。这些变化后来都被记录了下来，成为课程规划与兴趣培养方面的学习故事（《手工串珠》就是一个很好的例子）。

本章要点

1. 本章阐述了特法瑞奇文件的四大原则与五大领域交叉协同的三种途径：学与教在目标方面的交叉协同、记录与评价在课程方面的交叉协同、规划活动方面的交叉协同。

2. 所有目标都强调参与。每项目标开头的表述都是“儿童置身于……的环境”或“儿童及其家庭处于……的环境”。

3. 评价活动能够阻止、削弱一门课程，也能够支持、强化一门课程。特法瑞奇课程文件特别重视能够增加儿童学习机会的评价方法。

4. 在特法瑞奇课程文件的指导下，针对学习评价的理论探索与资源库建设，伴随着课程本身的发展而发展。

5. 学习故事作为一种评价手段，所记录的内容发生在熟悉的情境之中，所揭示的却是学习活动的复杂性。

6. 学习故事在早教机构得到了越来越广泛的应用，正是在这种背景下，整个规划过程的针对性显得极其重要。从筛选程序来看，关注、识别、回应、记录、回顾等环节成为影响课程规划有效性的关键因素。

思考题

1. 重读《喜欢手链的凯伦》会发现，凯姆老师从学科教学（本故事主要表现为数学教学）和学习品质（本故事主要表现为坚持不懈和自我指导）两个维度分析了凯伦的学习过程。你能不能想到一个自己熟悉的教学案例，并试着从这两个维度分析其学习的意义？

2. 结合《手工串珠》思考以下问题：

（1）在罗森莎斯幼儿园，对孩子们的期待主要有哪些？

（2）你对学习的哪些方面最感兴趣？为什么？结合你的亲身经历，说一说你的看法。你会怎样写这方面的学习故事？

（3）在制定规划时，怎样做才能既回顾过去又展望未来，从而体现学习的连续性和阶梯性？

3. 回想一下某次幼儿教学活动（项目），与相关老师一起，围绕以下相关问题展开讨论：

（1）这个活动是怎么开始的？

（2）其中开展了哪些学习活动？

（3）当时是怎么维持活动兴趣的？

（4）你们是怎么鼓励多样性、复杂性的？

（5）是什么力量支撑着教学活动的持续开展？

（6）你们对儿童的学习机会和发展可能有哪些想法？

（7）在活动开展过程中，有哪些令人惊奇的事情发生？

（8）谁是教学活动的规划者？

（9）该活动对外界或内部会造成什么影响？

（10）该活动对你们的教学实践造成了什么影响？

（11）你们能做到理论联系实际吗？

（12）该活动是如何体现、说明你们对智慧教学的总体看法的？

（13）在以后的类似活动中，你们会有什么变化吗？

4. 结合以下问题，对你所开展的评价活动进行反思：

（1）谁在观察？

（2）就你的评价活动而言，是如何让教师、儿童和家长见识学习过程和学习成效的？

（3）就这种评价而言，其中哪些成果得到了评价？哪些重要成果看不出来？

（4）从评价内容来看，它能够从哪些方面增强儿童学习的自我效能感？

（5）你的评价能够为儿童、家长和教师提供哪些回顾、反思学习活动的机会？

第九章　教师作为研究者

英格兰的詹妮·伍德布里奇写道：

> 许多年以来，英国的“早慧中心”①有幸能和新西兰的学前教育专家们一起合作，通过举办大型学术会议、小型研讨会以及专项教育交流等，分享特法瑞奇课程的基本理论、教学方法以及实践进展状况。这些合作交流活动的影响力非常大，促使地方政府、学校和一线教师深入思考早教课程建设的重要性——相关课程应该聚焦于儿童学习品质的培养，应该有配套的评价方式和实践规划，教师应该仔细、认真地观察儿童的学习过程，并用“学习故事”这种比较新颖的手段将其记录收藏。我们与新西兰早教工作者之间的这种交往关系，不仅促进了我们对儿童学习的反思和认识，同时也让我们进一步明确了落实《早期教育纲要》的重大意义。

显然，特法瑞奇一开始就不同于传统的幼儿课程。它优先考虑

---

① 英国的“早慧中心”成立于2000年，是一家专注于2~6岁早期教育的专业服务机构，日常工作是为幼教机构、一线教师及保育员提供专业的建议、支持以及培训服务，帮助从业者理解并掌握早教理论与实践的新趋势、新动向。近20年来，该中心提供了一系列高质量的幼教培训项目，已在世界范围内与先进的教育研究机构建立了合作关系。——译者注

儿童的学习品质以及相关工作原理，将其视为特别重要的学习目标；赋予教师自主编制课程的权利，将其视为教师的重要职责。自1996年文件正式出台以来，为了顺利实施的需要，新西兰政府为教师提供了多种多样的专业教育。1994年，麦琪·哈格蒂和帕·哈伯德在研究报告中对影响五大早教创新机构（家庭教育服务、儿童保育中心、幼儿园、幼儿游戏中心和语言巢）落实特法瑞奇文件的诸多因素进行了分析。相关调查结果表明，以下四个方面有助于相关原则的贯彻与落实：

1. 比较了解特法瑞奇课程文件，特别清楚相关指导原则的课程实施方法。

2. 采取“主动适应”而非“被动接受”的态度。特法瑞奇课程拒绝一板一眼的课程实施理念，相反，它倡导交叉协同的课程实施策略，反对固定化的教学流程。许多参与者依然希望能够得到一种万能的教学秘籍，尽管他们知道哪一套都很难奏效。他们并不知道如何才能灵活多样地完成相关任务。

3. 外部力量有助于采用“主动适应”的教学方法。

4. 有时间进行思考、计划、评价，主动适应文件的指导原则。

在贯彻和落实课程文件的过程中，幼儿教育机构本身的文化基础也是非常重要的影响因素，其中包括能够接纳不断变化的教育实践、拥有适当的工作强度、师生比高、采用小班授课、教师队伍稳定、专业化水平高、领导放权并视教师为学习者和研究者。

在实施特法瑞奇课程的过程中，从2003年至2007年，早教机构得到了创新中心开展的行动研究项目的持续支持，至今已有7年之久。前面五章的研究案例介绍了相关情况。随着评价活动的深入开展，幼儿教学活动的专业性不断提升。注重学习资源评价的《幼儿教育测评示例》也由此诞生，具体情况前文已说明。本章依然会罗列部分活动项目和学习机会。在我们看来，在课程实施的过程中，要想适应不同的教学环境、教学条件和教学时机，教师的专业支持必不可少，而且极其重要。2010 年，由于财政预算缩减，课程评价和教师专业发展项目受到了严重影响。早在 2009 年，早教创新中心项目已被中途叫停。新的教师专业发展项目集中帮助那些被教育督查办公室[①]和教育部认定为生源不佳且教学质量差的教育机构。一些全国性的幼儿教育研究项目得以保留。本章将对新西兰教师教育领导项目的主要内容以及相关案例进行研究。下面从案例研究的角度来看一看教师教育领导项目，为了行文方便，主要以特法瑞奇四大原则为基本框架探讨教师教育的 4P 目标：Passion——教育激情（与全面性原则对应），Pedagogy——合作教学（与联系性原则对应），Positivity——积极乐观（与赋权性原则对应），Participation——主动参与（与一体性原则对应）。

一、教育激情（全面）

教师的教育激情是在一个注重学习整体性的环境中形成的。过去的专业学习主要是为了满足“个人发展需要”和“中心发展需要”两个方面。这种片面的观点和特法瑞奇文件的原则不一致。正如我们强调儿童的学习品质、知识习得和工作原理一样，也应该高度重视成人在幼儿教育环境中的相关表现。教师教育领导项目的相关经

① 教育督查办公室：属于国会的行政部门，是独立于新西兰教育部的行政机构，负责专门评估全国除高等学校之外的其他学校和早期幼儿服务中心，主要职能是监督学校管理、幼儿教育、政策和资金的执行情况以及发布年度教育报告。

验表明：教师的专业学习如果能够立足于个人的基本实力，一定会卓有成效。如果能够发现教师的激情所在并培养这种激情，一定会爆发出巨大的能量。正如本书第六章中米哈里·契克森米哈教授所说，大量事实表明，有些成人和儿童一样，也拥有浓厚的兴趣和“无限的好奇”。我们的任务就是找到能够激发、维持热情和兴趣的方法，为这些教师“提供专业发展的机会，让他们拥有一种富有创造性的教育人生”。人总是会被热心、激情以及周围人的干劲所吸引。经验表明，教师总是乐于参加那些能够提升个人创造力、意志力以及成就感的专业教育。肯特·彼得森和特伦斯·迪尔对教职员工在组织文化中的表现有以下阐释：

> 他们享有共同的教育目标——都热爱儿童并全身心地投入工作……由故事作者、男女主人公等构成的非正式社交网络，可以提供正面的信息、积极的支持和历史的引导。

由此可见，组织文化对激发和维护教育热情极其重要。

我们中的大多数人，与同事、儿童（学生）待在一起的时间，比与自己最亲近的人——配偶、子女、父母待在一起的时间更多。基于这一事实，为成人、教师和儿童构建一种人人都能受益的学习空间和组织文化显得尤为重要。教师进行有效、持续专业学习的前提条件是拥有激情，这种激情是形成积极的、强大的组织文化的基础。人们也许会忘掉你对他们说过的话，但不会忘掉你带给他们的感受。

我们以往用来发展归属感和建立良好同事关系的主要策略是将“鱼市哲学”和特法瑞奇课程联系起来。在西雅图的派克鱼市，约翰·横山和自己的员工一起开创了一种快乐工作的组织文化——鱼市哲学。这种轻松愉悦的组织文化极大地提高了鱼市员工的工作热情，也增强了鱼市工作环境的内在活力。就两者的核心思想而言，鱼市哲学与特法瑞奇课程产生了深刻的共鸣。鱼市哲学的四大核心理念是游戏、投入、自主、作为。它们和特法瑞奇课程的四大原则紧密关联。就特法瑞奇课程的“全面性”原则而言，它特别重视人在工作环境中的整体性和游戏性。该观点所强调的是，人人都喜欢游戏活动，游戏活动会使人的精力格外旺盛。我们都知道，世界上许多成功的大公司如苹果、谷歌和微软等都很重视工作环境的游戏性。正如《豚鼠的故事》所呈现的那样，游戏不仅仅是一种活动，它更是一种活力四射、思如泉涌的精神状态。

豚鼠的故事①

蒙迪特别喜欢豚鼠！我很开心今天能看到他和豚鼠互动交流的情形。这只豚鼠的名字叫雪花。雪花发出吱吱的嘈杂声。蒙迪说：“雪花在讲话呢！”他将耳朵贴近雪花，然后开始为我“翻译”雪花说的话。这是多么有趣而又机智的对话啊！雪花肯定有一些非常神奇的故事要告诉我们！

① 本故事的记录者是朱莉。

我今天从蒙迪身上发现了什么呢？

蒙迪活泼好动，拥有丰富的想象力，简直太会讲故事了。我们一定要尽可能地鼓励他讲故事。蒙迪对笔记本电脑很感兴趣，我想，他一定也喜欢用数字信息系统讲故事。

游戏能让人集中注意力，从而发现自己的“心流”。米哈里·契克森米哈教授的主要研究领域是创造力和心流感应。他认为，游戏是心流和创造力的源泉，因为在目标明确且能力相当的情况下，人会进入一种心无旁骛的状态。通过游戏活动可以发现，人的游戏观念和工作观念相互依赖，两者都有助于激发成人和儿童的好奇心和创造力。在早教过程中，如果教师和其他教育工作者拥有归属感和主人翁意识的话，他们会很自然地感染学习情景中的每一个儿童。

卡林娜·里纳尔迪表达过她本人对全面性原则的基本看法，相较于特法瑞奇的课程理念，大致相同：

> 实际上，在教育过程中，参与者会根据自己的期待与计划，很自然地将个人的成长与发展带到游戏中去。教育者和受教育者之间、教师和学生之间的关系，是一种持续性的互应互惠关系。其中有参与合作、激情投入、同情怜悯、情绪变化等，具有审美性、变化性特征。也正是在这个意义上，我想提一下游戏、趣味、情感、情绪的价值所在。在我们看来，它们是所有认识活动与教育过程的基本要素。可以说，学习本身具有其独特的价值，因为学习能够将学习者和学习环境紧密地联系在一起，能够将学习者和要学习的内容紧密地联系起来，其间充满了温暖、幽默和惊喜。

凯恩·罗宾逊和卢恩·阿罗尼卡在他们合著的《让天赋自由：如何用激情改变你的世界》（*The Element*：*How Finding Your Passion Changes Everything*，2009）一书中写道：

> 当今世界的变化比以往任何时候都要快。我们对未来的憧憬是，为了适应生存境遇的不断变化，人类自身的生存能力能够不断提高。我们应该明白，每个人的天赋的表现形式并不一样，因而对于不同的天赋及其培育模式，应该拥有一种赞赏的态度。我们应该创新教育环境——在学校、工作单位以及公共场所，激励每个人自主健康地成长，让每个人都成为最好的自己。我们应该确保所有人都有机会做自己应该做的事情，都能够发现自己的独特之处以及做事情的独特方法。

罗宾逊和阿罗尼卡还谈到了另外一些人，他们因为能够顺从本我，跟着感觉走，所以会有一种无拘无束、心满意足、跃跃欲试的感觉。在罗宾逊和阿罗尼卡看来，有两种因素和两个条件影响着这类人的观念。两种因素分别是天赋和激情，两个条件分别是态度和机遇。基本流程大致如此：我（可以）得到它（天赋）；我热爱它（激情）；我需要它（态度）；它（机遇）在哪里？

就具体的早教环境而言，只有当教师和其他教育工作者拥有明确的主人翁意识，携手构建一种强大的组织文化并能够竭尽所能去实现自我的时候，才可能真正焕发出生命的活力与激情。

二、合作教学（联系）

基于合作关系的教学法，高度重视教学环境的安全性、同事关系的亲密度以及对相关活动的批判和反思。薇薇安·嘉辛·佩利说过："任何一间教室——包括我最了解的幼儿园——都应该发展成为人际关系亲密的共同体，人们在这里相互关心、相互学习。"教师专业教育不只是对美好教育实践的描述或设计。教师在提出质疑、应对挑战和做出重大改变之前，需要获得一定的信任和自信。在开展专业教育的过程中，为了增强教师的勇气和自信心，应该提供更多人际交往的机会，鼓励他们参观其他早教机构或者成为那里的交换教师。在这个过程中，倾听能力很重要。卡琳娜·里纳尔迪对倾听教学法进行过深入探讨，她指出：

> 倾听绝非易事。对于倾听者而言，必须保持非常清醒的意识，在听讲期间必须悬置一切个人偏见，绝不妄下断言。倾听者需要有开放的头脑和开放的心灵，能够意识到那些自己没有听说过的内容的重要价值，当自己确信无疑的东西遭到反驳的时候能够虚怀若谷、见贤思齐、淡定从容。

图 9.1　简老师和两位小朋友一起讨论档案袋

这段文字描述了深度倾听的基本条件——构建一种灵活、强劲的学习共同体。在早教中心或其他学习环境中，助教对教师的帮助极其重要。从教学法来看，助教作为教师的亲密伙伴，也需要得到良好的专业教育。从长远来看，要想建立起牢固的互敬互惠关系，助教的角色绝对少不了。如果有时间进行教学观察、示范教学（如记录学习故事）、教工访谈（有时是个别交流）或与教师合作的话，我们会发现，他们可以提供良好的学习策略。

为老师们提供“静修”机会，让他们从繁忙的幼儿教学事务中抽身，与其他教育同仁进行对话交流，也是教师教育的重要组成部分。这么做对联络感情、建立良好的人际关系具有巨大的促进作用。瑞那蒂提出过“变革性对话”这一概念，并认为应该为改进人际关系，进而改变个人及其身边其他人员的身份认知提供讨论、辩驳的机会。

在最近一次的静修会上，凯莉分享了她的反思历程：

> 谁能想到陶波（Taupo）竟是一个如此“神秘”的地方，潜藏着那么多罕见的学习机会。在此地度过这么一段时间，真是太美妙了……我喜欢这里宁静的自然环境，它可以激发我思考，给我带来灵感，让我保持内心平和，我也因此结交了一批志同道合的早教工作者。我有一种感觉，在过去的几年里，这个团队所经历的交往关系只存在于高层（如园长、中心负责人等）机构之中。领导力的培养是一个过程，需要团队的共同努力。这样的学习型组织应为其成员提供轮流领导的机会，从而扩大领导层的比例结构。我认为，有计划地对这类学习经历进行反思，会对未来产生非常深远的影响，会给我们大家的成长与发展带来诸多希望和可能。我希望能够参与到领导活动中去，或直接成为领导成员；我希望领导

层能够与大家亲密合作、群策群力、共创辉煌。我当然相信，也真诚希望该团队成员之间的关系越来越紧密。

三、积极乐观（赋权）

就积极乐观这一要素而言，它鼓励每个教师主动参与学习和研究，不断发现问题并积极寻找答案。就成功的专业学习而言，为了促进儿童和成人的能力与个性发展，最关键的一点就是要采用“优点导向法”而非“缺点导向法”。正如毕筱普等人所言：“假如我们总以缺点导向的眼光看待毛利儿童或其他儿童……那么我们秉持的教育原则以及实际的教育活动也会反映出这种看法，最终必然导致教育危机并将恶性循环。”在我们看来，真正有效的专业教育肯定会要求教师专注于个人的实力所在，在教学过程中营造一种生动活泼、积极乐观的学习氛围。

对于教师而言，如果有明确的问题意识，并且特别注重自身才能及团队整体发展的话，他们会更加积极乐观。事实证明，那些可控且有趣的行动研究项目对促进教师专业发展非常实用，不失为教师教育的得力举措。

人们总是习惯性地将调研活动视为学术研究领域的活动，并认为它是一种艰苦复杂且需要好几年时间才能完成的活动。就其本质而言，调研活动不过就是“考察、探索、询问、检测”，而事实上，每个教师每天都在早教机构里做着类似的调研活动。作为一线教师，为了保证教育目标的顺利实现，他们必然要围绕一定的问题进行考察、探索、分析、反思和总结。这些调研活动具有极其重要的教育价值。就调研活动之于早教专业学习共同体的重要价值而言，由新西兰教育部主持实施的学前教育创新中心项目《未来之路》[①]可以提供很好的例证。根据规划，到2012年的时候，创新中心的发展愿景如下：

> 我们勇于挑战，不断深化对早教主管部门的认识。创新中心鼓励教师开展调研活动，以促进早教机构的发展，真正体现新西兰早教部门的历史性和独创性。创新中心将充分利用早教机构工作者的最新思想和最新实践经验，在项目运行的过程中，对幼儿教师的专业技能和研究人员的辅助技术进行整合。就正常的调研周期来看，主要包括探索、记录、分享等基本环节，这些环节会涉及多种多样的技能与实践，而整个调研活动的重要价值在于，能够不断提高教和学的有效性。（Ministry of Education 2002，p.15）

就所调研的问题的焦点而言，它与教师教育领导项目（ELP）相伴相生，而在此之前，行动研究一直是整个计划的重要组成部分。在整个项目运行的过程中，各种问题的调研活动对提升早教部门研究能力的巨大促进作用不断得以彰显。目前，教师作为研究者的相关实践已日臻完善，这些幼儿教师不仅因此获得了越来越多的研究

---

① 2002年9月新西兰颁布的学前教育10年（2002—2012年）战略规划。该规划包括三大目标，即提高幼儿教育的参与度、提升幼儿教育的质量以及改善（幼儿教育机构与小学、家长和其他教育部门之间的）合作关系。这三大目标是核心，统领整个规划。每个大目标之下确立更为具体的战略计划（二级目标），在战略计划之下又制订了具有可操作性的行动方案。其中学前教育创新中心项目就是为了实现该文件关于“提升幼儿教育质量”的目标而实施的具体计划。——译者注

主动权，而且对相关活动形成了一种积极乐观的态度。在这些已有工作的基础上，我们邀请了一些已经参与项目研究 1 ～ 2 年的教师开展深化研究，让他们认真思考：“为了给其他创新中心的教师教育提供可以借鉴的经验，你打算怎么记录相关实践活动？”为了协助这些教师确定所研究的问题，并协助他们针对这些问题设计研究方法，教师教育领导项目组还特地聘请了有经验的专业研究人员。在他们所扮演的众多角色中，作为专业知识传授者的角色定位最为重要。按照教师教育领导项目的规划，会将教师们的研究成果收录为项目总结，同时鼓励教师将个人的发现在全国性会议上宣讲，最后还可以正式发表。结果，好几位教师教育领导项目的推动者，以及参与了整个项目活动的许多教师，都相继发表了个人研究成果。可见，这种研究有助于深化教师教育的理论基础，能够实现理论研究与教学实践的紧密结合。一些参加教育部“教学与学习研究计划”的幼儿教师，也参加了研究并发表了成果。（详见本书“致谢与导言”部分）

为了创建一种理想的学习者与领导者共同体，为了保证该共同体积极乐观、能说会道、坚强有力，并能够为自身的变革与发展做出积极贡献，每个人都必须找到自己的位置、发出自己的声音、看清个人贡献的独特价值。

拥有积极乐观的心态还意味着能够在每个人身上发现领导者的潜质。在一个团队中，如果有些成员认为自己不是领导者，也不相信自己能够成为领导者，事实就真的会变成那个样子。对此，卡罗尔·德韦克开展的相关研究可以进行解释。德韦克认为：只有认识到未来掌握在自己手里，每个人的生活才有可能发生转变。她曾经说：“我总会被那些杰出的成就深深感动，特别是在逆境中取得的那些成功。当然，我也会因为人们浪费自己的潜能而难过。”我们必须确保每位教师、每位儿童、每位家长都具有无限的发展潜能，都可以成为最好的自己。无论是评价儿童还是评价教师，积极乐观的心态都非常重要。

分布式领导行为①

今天，我在观察亚历克斯、乔丹和卡梅伦一起玩耍的时候，看到了他们各自在活动中扮演领导者时的不同表现。一开始，三个小伙伴忙着在沙坑里玩耍。后来，亚历克斯说道：“好了，乔丹，我的任务结束了。现在轮到你决定我们要玩什么了！”乔丹高兴地说：“耶！接下来我们玩赛车吧！你们把自己的车拿出来吧！”卡梅伦跟着也拿出了自己的玩具车，开心地说：“酷！之后就要轮到我来决定玩什么了。”

那天，三个小男孩沉浸在他们自己营造的共享领导文化之中，我坐在边上，敬畏之心油然而生。他们在数小时的协商沟通之中，畅所欲言、彼此尊重。显然，他们也都感受到了扮演领导者带来的乐趣。看到他们之间这种真诚而富有意义的朋友交往，想到可以坐下来撰写、反思他们的学习故

① 本故事的记录者是梅丽莎。

事，我非常激动，一股暖流涌上心头，久久不能平静。

我们都知道，亚历克斯和乔丹今年就要升入小学了。(当然，卡梅伦将来也会进入小学)他们将接触全新的小学课程，踏上培养关键能力的学习旅程。比如，就交往能力而言课程要求“学生以开放的心态面对全新的学习，并能在不同的场景中扮演不同的角色，与他人相处融洽”。他们明白自己的言谈举止会给别人带来什么影响，同时懂得把握合作与竞争的时机。在与他人进行有效合作的过程中，他们能够提出自己的策略、想法和不同的思考方式。

在不久的将来，这三个小男孩肯定会成为聪明机智的领导者。

四、主动参与（一体）

专业教师拥有较强的社会责任感和比较丰富的教学实践知识，具体表现在他们会明确地站在儿童及其家庭的立场上思考问题，会明确表达自己对教师之教和学生之学问题的理论思考。对于这些专业教师而言，许多人之所以选择当教师，是因为他们特别希望能够对儿童的生活产生一定的影响，希望在做出自己独特贡献的同时实现个人的社会价值。正如迈克·富兰所言：

> 学校领导者实施道德教育的目标是为了影响、改变学生的生活。他们特别关心的是不仅要总体提高学习效率高和学习效率低两类学生的学习成绩，还要缩小他们之间存在的差距。

斯蒂芬·科维探讨过个人声音的重要性以及它对其他人的重要意义。他认为："我们每个人都希望能在生活中听到那个深沉的、自然的、难以名状但内心渴求的声音。"举办各种研讨会能够为教师们提供聆听个人心声的机会，能够为助理教师、专任教师以及园长的专业发展提供帮助。这类研讨会的核心议题大致如下：领导考核、团队建设、成人学习、集体合作、核心问题探索与教师行动研究专题、行动研究要义与具体实施方法、专业学习共同体的构建、学习共同体的文化基础、学习问题的多元评价观、基于专业发展和园本问题的评价与反思。

在专业学习共同体中，所有教师都有机会分享个人的工作经验和教育教学实践。由这种专业学习共同体开展的各种交流活动，有助于增强早教机构的自身实力，促进教师专业的可持续发展。

年末总结也增强了大家参与活动的积极性。在年末的时候，项目组为相关机构负责人以及他们的团队举办了一次论坛，请他们总结汇报一年来的工作经历和实际成效。对于所有参与了专业教育活动的成员而言，这是一个激动人心、富有挑战且受益匪浅的重要时刻。这种论坛既是年末庆功会，给大家提供了分享成功的机会，也是学习交流的联谊会，让大家更加积极地参与到幼儿教育中来。

行文至此，我们已经对幼儿教育机构成功开展教师教育的四大要素进行了探讨，它们与特法瑞奇的四大原则一一对应。表 9.1 进行了总结。

表 9.1　有效教师教育的四大要素

特法瑞奇原则	相互联系原则	全面发展原则	教育赋权原则	家社一体原则
核心要素	合作教学： 促进安全环境下的紧密合作与教学反思	教育激情： 注重学习和研究的整体特征，培养参与者的工作热情	积极乐观： 鼓励每个参与者主动学习和研究，发现问题并积极寻找答案	主动参与： 重视社区内外所有相关人员，维护民主与公平
现实反应	聆听；关系；诤友；学习共同体	整体；强势文化；游戏；友好；园本文化	关注实力与兴趣；有实力的学习者；善于钻研	拥护；领导；有所作为；广泛参与
行动策略	建群；静修；联络；轮岗交流；参访；内部交流（加强与项目指导者的联系）	营造组织文化；特法瑞奇的四种基本策略（游戏、投入、自主、作为）	确定个人研究领域或项目主题；从扎实的基础开始；撰写论文和学习日志	分享与奉献；参与讨论会；加入更广阔的社区；年末总结发表个人教育调查研究成果

任何一个幼儿教育机构都有许多领导者。对此，施莱蒂做了一个很有意义的类比：

> 共同领导……不像有统一指挥的管弦乐队，更像主导权分散、轮流的爵士乐队……乐队的主导权由当时演奏的乐曲以及最能触动听众心灵的旋律所决定。

每个教育者都可以有所作为，诚如甘地所言：“在弱小的人体之中蕴含着无限的精神力量，一旦被肩负的使命唤醒，便喷薄而出、不可阻挡，进而改变历史的发展进程。”（Dutt Misha and Gupta，2008，p. 36）

本章要点

1. 十年来，新西兰政府资助的教师专业教育项目一直支持着特法瑞奇文件的发展。

2. 教师对特法瑞奇、幼儿教育以及儿童学习的研究，主要依靠2003—2007年期间开展的学前教育创新中心项目的支持，将来由“教学与学习研究计划”开展的教师行动研究提供支持。

3. 幼儿学习评价的主要资源是新西兰教育部发布的《幼儿教育测评示例》。五年来，该《示例》得到了专业教育研究的支持，而且提供了深入全国各地早教中心进行专业学习的机会。

4. 特法瑞奇教学法为教师教育和行动研究项目提供了基本框架。特法瑞奇课程的四大原则可以从以下几个方面为成人教育项目提供思路：

（1）全面性原则：教师的教育激情是在注重学习整体性的环境中形成的。

（2）联系性原则：所有师生共同参与的项目的核心是合作教学法。

（3）赋权性原则：积极乐观地鼓励每个教师主动参与学习和研究，从而不断发现问题并积极寻找答案。只有采用“优点导向法”而不是“缺点导向法”，才能更好地促进成人、儿童及其父母在学习能力和学习品质方面的发展。

（4）一体性原则：专业教师拥有较强的社会责任感和比较丰富的教学实践知识，具体表现在他们会明确地站在儿童及其家庭的立场上思考问题，会明确表达自己对教师之教和学生之学问题的理论思考。

5. 共享式、分布式领导是构建强大而有实力的学习共同体的非常重要的条件。在这样的共同体中，所有教师都积极乐观，感觉自己可以有所作为。

6. 那些将教师视为研究者的研讨会，可以为参会教师提供以下机会：

（1）聆听自己的心声；

（2）有助于成长为自己单位的专业领导者；

（3）分享个人的工作经验，阐释具体的教育教学实践；

（4）反思个人参与专业教育的学习历程。

思考题

1. 重读《豚鼠的故事》。这个故事中有许多可供教师教育、专业教育讨论的重点内容，具体包括阐释、游戏、想象和讲故事等。结合故事思考：

（1）教师如何进一步提高倾听和解释儿童想法的水平？尤其是那些不能清晰表达个人兴趣、情感和想法的儿童。

（2）教师如何更有技巧地引导儿童的注意力？如何更好地引导儿童理解和关爱他人？尤其是那些不能清晰表达个人兴趣、情感和想法的儿童。可重读《朋友间的友好行为》。

（3）喜欢游戏的教师是什么样的？他们的游戏水平是怎样提高的？我们为什么希望教师喜欢游戏呢？

（4）教师应该在哪些方面具有想象力？怎样训练和提高个人的想象力？

（5）教师如何才能成为一个善于讲故事的人呢？

（6）教师如何借助信息通信技术讲好教育故事？如何借助最先进的现代信息技术，对幼儿教育及其学习成绩进行评价？如何由此与家庭进行沟通与合作，并保持多方面的密切联系？

2.《分布式领导行为》是发生在早教中心几位儿童间的共享式领导行为。这个故事中有许多可供专业教育、教师教育讨论的内容。请结合故事思考：

（1）你会想起哪些教师协商讨论、尊重他人观点的具体事例？有哪些有效策略能够促进这种行为的发生？教师的相关能力是如何提高的？相关能力提高之后，有哪些方面的重要意义？

（2）在你工作的过程中，或者在你接受专业教育的过程中，分布式领导文化有什么价值？

（3）分布式领导能力及其品质能够在哪些方面促进儿童的学业成绩？比如，本书第十章提到的新西兰学校课程中交往方面的相关内容，如何解读？请分享你所了解的具体事例。仔细研究那些成功的科研工作者、环保主义者、科学家、教师、艺术家和诺贝尔奖获得者的个人简历或自传，看看他们有哪些特别明显的领导才能与学习情趣？这些人当中谁是你的偶像？

（4）在你们国家，足智多谋的领导者和社会公民是什么样的？要培养这样的人，幼儿教育应该从何做起？

第十章 展望未来

丹麦的斯迪格·布洛斯特姆写道：

> 20世纪90年代末以来，北欧国家的早期教育与保育工作者集中思考的问题是，如何创立一种理论和实践，使得它们一方面体现以儿童为中心的价值取向，另一方面又符合以目标为导向的课程理念。在探索过程中，北欧国家的研究人员了解到了新西兰特法瑞奇文件的核心思想与根本精神，该文件在多个方面为北欧早期教育实践带来了灵感。其中最为关键的一点是，特法瑞奇文件重视社会文化学的方法，它所采用的理论框架超越了以往仅从技术层面理解教育和课程的传统。越来越多的研究者和幼儿教师受到了过程性评价的启发，因而学习故事作为评价手段的理论与实践对他们产生了巨大的影响。

本书在介绍特法瑞奇教学法的过程中，既立足于课程文件本身展开探讨，又自觉地从社会、文化、教育的视角分析其重要前提。我们试图“让不同国家的读者，结合自己的教学实践认识特法瑞奇文件，但依然会让他们有一种陌生感”。正如艾伦·洛克在一篇文章中所言，将一种教育政策从一个国家引介到另一个国家，出现这种情况是很正常的事情。洛克认为，那些小国家的课程故事“与文化殖民和政治协商有关，与对历史、社会和文化的责任担当有关，与对特定教育形式乃至特定生活方式的认同和宽容有关”。从长远责任来看，前文已介绍过毛利历史、环境和文化在特法瑞奇文件制定过程中所发挥的实际作用。特法瑞奇既尊重历史又超越历史，既充分考虑儿童的发展前景，又特别重视儿童的健康成长及其可行性路径。

本章将从以下三个相互联系的方面简要介绍特法瑞奇教学法的未来走向。

一、为了应对经济与政治变革，特法瑞奇教学法应把握的机会与可能

支撑新西兰特法瑞奇课程不断发展的东西是什么？在新的教育情境中实施特法瑞奇课程，需要哪些条件？在本书中，我们回到了一些重要议题上来，并大胆地探讨相关问题的答案。对于我们国家而言，意味着要牢记我们的文化史，要保持清醒的头脑，坚持并继续提倡相互联系、全面发展、教育赋权和家社一体的课程理念。与此同时，我们要有勇气创造性地开展教育实验，满足儿童主动发展的实际需求，适应经济和政治的发展变化。正如斯迪格·布洛斯特姆在本章引言中提到的那样，我们的教育改革需要保持一种“平衡”。特法瑞奇的理论基础不仅限于技术层面的问题，而且有助于一线教师顺利地开展教育教学实践，从而应对标准化追求以及其他质量检测带来的各种利益难题。下面这个由詹姆斯·格林诺提出来的问题，也是本书需要回答的问题：

我们应该深入思考的问题是，学习的主要目标与结果究竟是掌握一些不太重要的操作技能，还是拥有成功参与社

会活动的交往技能，或者让受教育者成为自我身份明确的学习者？

评价在个体自我身份认同的过程中发挥着重要作用。这是特法瑞奇教学法的显著特征。本书各章都列举了记录学习过程的例子。从这些具体实例来看，相关记录都特别重视学习者的自我身份认同问题，不难发现，这些学习者都通过良好的实际训练掌握了系统化的知识，但他们给人更深的印象是，除了习得广泛的实践知识之外，更是拥有情感归属、健康幸福、探索意识、交流能力和奉献精神的独立个体。

二、为了促进小学阶段的学习，特法瑞奇教学法应把握的机会与可能

孩子升入小学后会发生什么？当初开始研制特法瑞奇课程文件的时候，新西兰早教部门非常担心它可能造成学前教育“小学化”。比如，会不会根据水平发展，将小学阶段的教学目标“下移”到学前教育阶段。从传统上看，幼儿教育与小学教育截然不同，幼儿教育主要关注的是儿童的游戏活动。贝内特认为，小学阶段的学科教学致使儿童的学习范围狭窄化，所学的知识碎片化。莎莉·彼得的研究表明，关于为上小学“做预备”“准备好”的研究文献非常广泛。尽管小学教育阶段存在不少问题，但儿童终有一天要进入小学学习。对于这些孩子未来的学习，特法瑞奇文件有什么改进意见吗？显然，这个问题也与新西兰的重大历史事件直接关联。海伦·梅对儿童升入小学学习的一些细节进行过梳理。

2007 年，新西兰颁布了一套新的学校课程。在研制这套课程

的过程中，课程研制人员充分考察了以往课程在关键能力方面的整体安排。新西兰教育部的课程研制人员高度重视经合组织关于关键能力的相关研究。正因为支持特法瑞奇学前课程的那些人员参与了学校课程文件的制定工作，所以最后出台的新学校课程文件和特法瑞奇文件前后连贯，联系密切，并将五大关键能力作为小学生学习目标的核心内容。如表 10.1 所示，这五大关键能力和特法瑞奇的五大课程领域相对应。实际上，恰好是特法瑞奇文件启发并催生了新学校课程。

表 10.1　关键能力：彼此衔接的教学目标

<table>
<tr><th>特法瑞奇</th><th>新西兰学校课程</th><th>第三级目标</th><th>共同目标</th></tr>
<tr><td>探索意识</td><td>善于思考</td><td>善于思考</td><td rowspan="5">有自信心
善于交往
积极参与
终身学习</td></tr>
<tr><td>交流能力</td><td>运用语言、符号以及文本</td><td>交互使用工具</td></tr>
<tr><td>健康幸福</td><td>自我管理</td><td>自主行动</td></tr>
<tr><td>奉献精神</td><td>人际交往</td><td rowspan="2">积极参与各类社会组织活动</td></tr>
<tr><td>情感归属</td><td>参与奉献</td></tr>
</table>

目前，幼儿教育主管部门与小学管理部门已开始研究、探索幼小衔接的现实问题。从 2006 年到 2008 年，三位来自一线的研究型教师和两名高校科研人员在芒格雷桥幼儿园开展了合作研究。该幼儿园是本书介绍的第六个学前教育创新中心。芒格雷桥幼儿园实行上下午会期入学制，幼儿园的儿童来自 85 个家庭，有 15 种不同的文化背景。项目研究的主题是幼小衔接问题。教师和科研人员的研究成果已分别以论文和专著的形式发表、出版。（Hartley et al.，2010，2012）2012 年出版的那本书写道："2007 年出台的新学校课程为幼小衔接和儿童的潜能开发搭建了一座桥梁，但桥梁的作用以及潜能开发的力度依赖于幼儿教师和小学教师的努力程度。"

在这项调查研究中，幼儿园和当地学校开展了许多联合设计活动和手工制作活动，其中很多活动吸引了双方的共同兴趣。在一个名为“欢迎入学”的DVD项目中，当地幼儿园和小学的教师代表定期一起讨论各自的教学实践以及双方感兴趣的话题，依次促进彼此的沟通交流。早前，幼儿园的小朋友还去过小学参观，用相机拍下自己认为重要的内容。这让我们想起之前克拉克和莫斯所说的关于幼童心声的调查。装有学习故事的档案袋会伴随儿童一起到小学。小学教师可以根据档案袋中的文字材料和工艺作品了解儿童的个人能力、兴趣爱好以及他们的成长轨迹。在与泰拓考幼儿园的老师开展的另一项研究项目中，我们开发了一种师生共建的转换（过渡）文件夹，其中存放着他们最喜欢的学习故事，这些故事可以反应儿童在幼儿园和小学阶段各个方面的实际表现，以便标示儿童在同一课程领域的整体发展状况。表10.1展示了与特法瑞奇课程以及新西兰学校课程相匹配的第三级关键能力。就这项创新活动而言，是咨询幼儿园教师和小学教师之后的一种研究结果。

在《谨守古训》这个学习故事中，凯西老师对21世纪的现代信息通信技术进行了评价，肯定了祖辈的贡献，描述了学习品质之于个人一生学习的重要意义。

谨守古训①

He kakano ahau, ruia mai i Rāngiatea
我是故乡飘落的一粒种子
阿瑞，我发现你在看阿娃使用iPad。当我们眼神交汇时，

① 本故事的记录者是凯茜。

我能察觉到你对平板电脑的强烈兴趣。你无须多言，仅凭你的安静、平和之举，就可以让我知道你是多么想玩一玩这个新鲜的玩意。我们心领神会。于是，我邀请你和我们一起玩。

我想，阿瑞你是真的在思考，是真的在动脑筋。从每天的交往中，可以看到你的个人实力以及谦逊的品质，这让我感到非常充实。在幼儿园里，我们互相学习。我发现你总是悄悄地关心帮助他人。我们都很喜欢跟你待在一起的时光，这种时光祥和而平静。

我在想，阿瑞你的祖先是谁，他们来自哪里？在周末，我听到一句毛利俗语，它说“我的祖先站在我的肩上是为了让我脚踏实地”。阿瑞，你身上谦逊的品格让我相信这一点，你真的是脚踏实地，非常沉稳。

当你在iPad上接触新事物的时候，你流露出一种好奇、兴奋、无所畏惧的神情。你是一个了不起的学习者。你在学习之中学会了学习，主动担负起自己的学习责任，尝试着克服一道又一道难题。我想，你的祖辈当年漂洋过海、定居新西兰，并在此繁衍生息、兴旺发达，肯定也像你这般兴奋、好奇而无所畏惧！

阿瑞，你继承了祖先的学习品质，这些品质将伴随你一生。我很荣幸从你身上学到这些东西并成为你漫长学习旅途上的一位老师。

三、教师作为研究者的影响力

美国加利福尼亚的马克·惠特尼写道：

> 在参观新西兰幼儿教育之前，我一直固守着既定的教学观念和教学模式，因为它们让我有一种驾轻就熟的舒适感。可在访问结束后，我对各种教学问题的解决之道有了全新的认识。我已无法遵循原初的教学思路，开始用一种全新的眼光审视幼儿教育。总之，我被新西兰的幼儿教育理念深深打动了。现在，任何让我感到不适的教育活动，其实都是一件好事，因为它会逼着我重新思考教育，寻找新的方法和路径。

从世界范围内来看，学校课程日趋狭窄而又不断走向所谓的标准化。在这种背景下，我们必须重新思考教育、重新定义教育，为一线教师提供多种专业支持。除了上面这些创举之外，其他还有彼得·莫斯所说的民主的实验主义思想，以及为教师专业发展和开展调查研究创造条件和机会。作为研究者的研究型教师，应该也是作为学习者的学习型教师。他们对儿童的学习过程和各种难以确定的学习结果充满了好奇。有时候，有些教师可能会因为在工作中遇到了共同的困惑而合作开展一些小型的研究活动。这些活动虽然规模小，但意义非凡——这些教师可以由此全面认识课程实施方法如何根据教育情境不同而进行适当调整。

在过去的十年里，遵照新西兰政府幼儿教育战略规划推行的新政策、新方案，对提升教师资格水平和提高教师专业技能产生了相当大的影响。2002 年，新西兰政府出台了教师资格水平分步提升计划，计划到 2012 年的时候 100% 的教师达标。虽然后来对目标进行了调整，但政府依然希望 80% 的幼教机构的教师能够拥有 3 年学历培训并能获得正式的从教资格。

2008 年，米切尔和奥格登对 2002—2007 年间新西兰政府学前教育战略规划的实施状况进行了纵向评估，结果发现：该规划对教师之教和学生之学的各项指标（包括测试、计划、评估、自我评价）都产生了相当大的积极影响，同时，教师对特法瑞奇课程文件的理解更加深入，幼儿园与家庭之间的关系也更加紧密。2008 年的这项评估表明：广大教师对社会文化理论的理解能力、利用儿童家庭资源开展教学活动的能力明显提高了，同时，课程实施的包容性、灵活性也明显增强了——“向各个方面的参与者开放”。（Carr et al.，2001，p. 31）我们希望，关于特法瑞奇的这些讨论，既能帮助新西兰以及其他国家的一线教育工作者和教师教育工作者更好地探索适合本地实际的教育教学方法，也能帮助他们更好地与自己的同事、幼儿园的孩子及其家庭一道开展各种实验改革，进而像马克·惠特尼一样（重新）思考：我们究竟应该培养什么人？究竟应该怎样培养人？

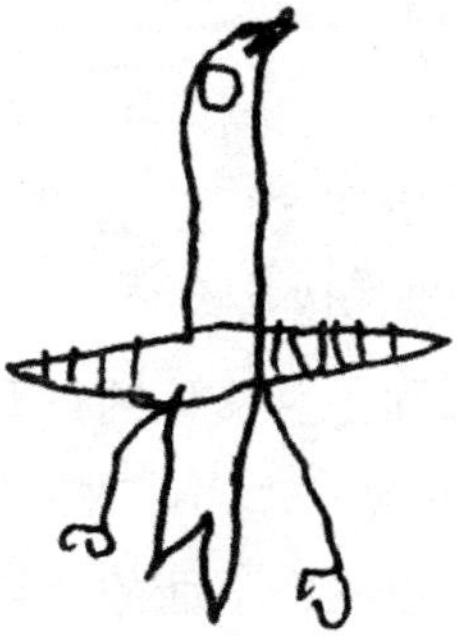

后 记

《特法瑞奇》是新西兰教育部在1996年颁布的一个早期儿童教育课程文件。文件采用毛利语和英语双语书写，分为四大部分，其中有专门的章节介绍实施毛利语浸入式教学的语言巢以及实施浸入式语言教学的其他幼儿教育机构。

本书在全面介绍特法瑞奇教学法的基础上，特别重视对新西兰早教课程特色的探讨。全书分为十章，读者可以从中进一步了解毛利语与毛利文化，了解特法瑞奇教学法的出台背景、发展历程、基本原则、独特的学习故事评价方法、教师作为研究者在文件实施过程中的独特作用以及特法瑞奇的发展前景，从而可以比较直观地感受到该课程文件对提升新西兰学前教育质量的重要作用以及对世界幼儿教育产生的积极影响。本书还穿插了一些实际教学案例，不仅可以帮助早教专业的读者了解科学的教学方法与高质量的幼儿教育之间的关系，还可以为幼儿教师实现专业的可持续发展以及开展行动研究奠定理论基础。

第一章主要介绍了特法瑞奇作为一门国家早教课程的出台背景，具体包括新西兰的历史和文化。毛利文化作为新西兰的土著文化，特法瑞奇文件必然体现其特殊内涵。文件以“Te Whāriki”命名，恰恰就是为了凸显毛利语和毛利文化的重要性。“Te Whāriki”的“te”是毛利语的特指单数，“whāriki”意为“亚麻编制毯”。特法瑞奇意为所有人都可以站在上面的“编织毯”，用它作为课程文件的名称，反映了新西兰人以开放、合作的态度制定早教课程文件的基本理念。

第二章阐述了特法瑞奇课程文件的发展过程以及主要的理论观点。在新西兰早期儿童教育的历史上，出现了语言巢和游戏中心这两种极其特别的早教模式。特法瑞奇课程反映了新西兰的国家教育理念，它聚焦于社会公平以及对儿童各项权利的尊重，同时致力于让一代代儿童积极主动地参与到民主社会的建设中去。特法瑞奇文件课程所体现的是保育一体化和幼小衔接的理念，在具体实施的过程中，将文件设想为一个编织毯或一个垫子。这种编织毯的形象比喻，反映了新西兰幼儿教育机构的多样性——不同类型的早教机构中拥有不同的教学方式、哲学理念和教学环境，它们都在丰富着编织毯的独特样式。

第三章具体阐释了特法瑞奇课程的二元文化特征、双语使用背景，以及实施该课程时应该注意的基本问题。特法瑞奇作为新西兰二元文化背景下产生的双语文件，其产生的历史和文化背景独树一帜。

第四章至第七章，分别介绍了特法瑞奇课程文件的四大基本原则。这四大原则分别为“教育赋权原则”“相互联系原则”“家社一体原则”和“全面发展原则”。四大原则的基本出发点是将教育视为相互联系、共同参与的活动，反对以阶梯式或等级式发展来看待幼儿教育。在这四章每章的开头部分，都有一位幼儿教师的教学反思。每章都有一个表格，用以说明贯彻该项原则所能产生的学习结果。同时，每章都有一个案例研究，分别探讨不同幼儿教育机构中课程目标所侧重的不同内容。

第八章重点阐述了特法瑞奇文件的四大原则与五大领域交叉协同的三种途径：学与教在目标方面的交叉协同、记录与评价在课程方面的交叉协同、规划活动方面的交叉协同。评价活动能够阻止、削弱一门课程，也能够支持、强化一门课程。特法瑞奇课程文件特别重视能够增加儿童学习机会的评价方法。在特法瑞奇课程文件的指导下，针对学习评价的理论探索与资源库建设，伴随着课程本身的发展而发展。学习故事作为一种评价手段，所记录的内容发生在熟悉的情境之中，所揭示的却是学习活动的复杂性。学习故事在早教机构得到了越来越广泛的应用，正是在这种背景下，整个规划过程的针对性显得极其重要。从筛选程序来看，关注、识别、回应、记录、回顾等环节成为影响课程规划有效性的关键因素。

第九章重点阐释教师作为研究者这一问题，探讨实施特法瑞奇课程会如何促进教师的专业发展，会如何保证学前教育课程的开放性，以及我们会从中获得怎样的教育启示。本章特别指出，共享式、分布式领导是构建强大而有实力的学习共同体的重要条件。在这样的共同体中，所有教师都积极乐观，能够深切感受到协同合作的实际价值。

第十章展望特法瑞奇课程的发展前景。与前面很多章一样，本章也选编了儿童学习和教师教学过程中发生的一些故事。有时候，老师们记录的儿童学习故事，不但能够很好地阐明所讨论的一些话题，还能够激发和推动不同读者之间的对话与交流。

总之，本书在介绍特法瑞奇教学法的过程中，既立足于课程文件本身展开探讨，又自觉地从社会、文化、教育的视角分析其重要特色，为读者打开了一扇了解新西兰早教课程的窗口。特法瑞奇课程文件既尊重历史又超越历史，既充分考虑儿童的发展前景，又特别重视儿童的健康成长及其可行性路径。我们相信，无论是早教专业的学生、教师、实践者，还是早教机构的专家、学者，包括那些担任咨询师、校长的工作人员，阅读本书都会有所启示，受益良多。

张荣伟

2019 年 10 月

（鄂）新登字 02 号

图书在版编目（CIP）数据

特法瑞奇教育/［新西兰］温蒂·李（Wendy Lee）等著；张荣伟，徐龙静译.—武汉：湖北教育出版社，2020.2

（外国早教实践译丛）

ISBN 978-7-5564-3608-8

Ⅰ.①特…　Ⅱ.①温…②张…③徐…　Ⅲ.①学前教育-研究　Ⅳ.①G61

中国版本图书馆 CIP 数据核字（2019）第 277874 号

著作权合同登记号：17-2019-148

Understanding the Te Whāriki Approach / by Wendy Lee

特法瑞奇教育　TEFARUIQI JIAOYU

出品人	方　平		
责任编辑	董　娟	责任校对	李　镧
装帧设计	牛　红	责任督印	张遇春
出版发行	长江出版传媒	430070	武汉市雄楚大道 268 号
	湖北教育出版社	430070	武汉市雄楚大道 268 号
经　销	新　华　书　店	网　址	http://www.hbedup.com
印　刷	武汉安捷印刷有限公司	地　址	金银湖柏银路印包工业园
开　本	880mm×1230mm　1/32	印　张	6.25
字　数	150 千字	版　次	2020 年 2 月第 1 版
印　次	2020 年 2 月第 1 次印刷	书　号	ISBN 978-7-5564-3608-8
定　价	26.00 元		